3D 打印
与知识产权法

刘　强◎著

知识产权出版社

全国百佳图书出版单位

图书在版编目（CIP）数据

3D 打印与知识产权法 / 刘强著 . —北京：知识产
权出版社，2017.6
ISBN 978-7-5130-4975-7

Ⅰ.①3⋯　Ⅱ.①刘⋯　Ⅲ.①立体刷刷—印刷术—知
识产权法—研究—中国　Ⅳ.①D923.404

中国版本图书馆 CIP 数据核字（2017）第 144669 号

内容提要

3D 打印技术是一种添加式快速成型制造产品的技术，被公认将引发一场制造业革命。随着 3D 打印技术的推广，会产生现有知识产权制度未曾遇到并且难以解决的问题，对于现行的专利制度、著作权制度及商标制度形成挑战。其中，最为明显的冲击莫过于导致了较高的知识产权侵权风险，同时对社会化创新成果受知识产权保护的地位形成挑战。有必要对知识产权制度加以变革，抓住 3D 打印产业发展的良好机遇，并主动地迎接 3D 打印时代技术革命的到来。

责任编辑：纪萍萍　　　　　　　**责任校对：潘凤越**

责任印制：刘译文

3D 打印与知识产权法

刘　强　著

出版发行：知识产权出版社 有限责任公司	网　　址：http://www.ipph.cn
社　　址：北京市海淀区西外太平庄 55 号	邮　　编：100081
责编电话：010-82000860 转 8387	责编邮箱：jpp99@126.com
发行电话：010-82000860 转 8101/8102	发行传真：010-82000893/82005070/82000270
印　　刷：三河市国英印务有限公司	经　　销：各大网上书店、新华书店及相关专业书店
开　　本：880mm×1230mm　1/32	印　　张：6.375
版　　次：2017 年 6 月第 1 版	印　　次：2017 年 6 月第 1 次印刷
字　　数：180 千字	定　　价：25.00 元

ISBN 978-7-5130-4975-7

本书受 2014 年度国家社会科学基金项目"3D 打印知识产权法律问题研究"（14BFX087）资助。

作 者 简 介

刘强，湖南长沙人，中南大学法学院教授，法学博士。

学术兼职：中南大学知识产权研究院研究员，湖南省法学会民商法学研究会常务理事兼副秘书长，湖南省法学会知识产权法学研究会常务理事兼副秘书长，复旦大学知识产权研究中心特聘研究员，入选国家知识产权局专利信息师资人才，受聘担任湖南省工业领域知识产权专家咨询组成员、柳州市人民政府专利特派员。

主讲课程：《知识产权法》《国际知识产权法》《专利法》《创新创业与专利法》《专利信息检索与利用》《商法》等。

科研课题：主持完成国家社会科学基金一般项目"3D 打印知识产权法律问题研究"、司法部国家法治与法学理论研究项目、湖南省哲学社会科学基金一般项目，主持中国法学会部级法学研究项目、湖南省教育科学规划资助课题等部省级课题。

学术论文：在《法商研究》《法学评论》《知识产权》《北方法学》《电子知识产权》《科技与法律》《中南大学学报》（社会科学版）、《湖南大学学报》（社会科学版）、《武汉体育学院学报》等核心刊物发表论文 50 余篇。

学术专著：出版专著《机会主义行为与知识产权制度研究——新制度经济学的视角》《交易成本视野下的专利强制许可》《奥林匹克知识产权保护》和译著《胜诉》等。

学术奖励：第十二届湖南省哲学社会科学优秀成果二等奖（主要成员）、第十一届中国法学会中国法学青年论坛二等奖。

学术活动：2016 年 4 月发起召开 3D 打印知识产权国际研讨会，并得到《中国知识产权报》《检察日报》等媒体广泛报道。

序　言

　　3D 打印亦称增材制造，肇始于 20 世纪 80 年代。与传统的等材及减材制造不同，3D 打印在克服制造瓶颈、拓展制造领域、提高制造能力方面具有划时代的意义。3D 打印近十年的迅速崛起，引起了全球的广泛关注。2012 年英国《经济学人》杂志指出，3D 打印将成为引领第三次工业革命的技术之一，2013 年"世界经济论坛"将其誉为"十大前景辉煌的技术之一"。

　　互联网和数字技术的迅猛发展，开源硬件运动的勃兴，商用 3D 打印机的普及，最终成就了今天 3D 打印的辉煌。它使人们跨越了从虚拟到现实、从比特到原子、从创意到产品巨变的鸿沟，让人类开始分享经由信息直接获得有形物品的科技盛宴。

　　随着 3D 打印技术的深入发展，可能彻底颠覆全球传统制造产业链，向人们展现出一幅具有本土化、个性化、民主化、社会化等特质的潜在生产模式蓝图。3D 打印也可能从根本上改变全球供应链，创造数以百万计的就业机会，并改变生产厂家与消费者在制造业方面的互动关系，生产者与消费者混为一体的"产销者"应运而生。现今，3D 打印技术能使生产商或个人（产销者）直接推销打印产品给朋友、同事乃至世界各地的人，而且可以量身定制。3D 打印将允许个人或消费者随时随地按需设计、打印有形物品。这场设计与制造的革命并非仅是增材制造与减材制造之间的博弈，而且展现了数据或信息与有形物品之间高度互逆转换能力的角斗。

　　自从 1986 年查尔斯·赫尔（Charles Hull）开发了第一台商业3D 打印机以来，3D 打印技术就不断革新生产和原型设计方式，以消除许多传统的障碍，如研制周期、最低限度和库存过剩等。3D 打印机的原料正从塑料、陶瓷、金属发展到食物原料乃至动物组织，打印出来的也不再仅仅是纸盒、玩具、零件，而是武器、汽车、食物、人造关节甚至活体组织。3D 打印技术将悄悄变革设计行业、玩具制造、武器制造、汽车制造、建筑业、航空航天、食品加工、医疗、教育等多个领域的格局。更值得一提的是，3D 生物打印的突进，导致人体组织与基因结合，它可能创造新人类的神话，抑或像打开"潘多拉魔盒"，结局实难预料。尽管目前我们尚无法推测 3D 打印发展的极限何在，但是，可以确定，作为一项颠覆性技术，3D 打印技术正在突破自身在市场、原料、工艺、成本等方面的制约，努力地朝着大众消费品方向演变，最终或将改变人类生产与生活的历史进程。

随着 3D 打印技术的变革和产业发展，深刻地改变着产品设计与传统的制造产业模式和消费习惯，与其有关的知识产权问题也逐步凸显。无论 3D 打印级别是否需要高度创造性，或者仅仅是从网页下载部分 CAD 文档发送至 3D 打印机，都必然会引发知识产权争端。由于业余爱好者复制玩具，有人拷备设计蓝图来打印诸如桌椅之类的物品，从而涉嫌侵犯知识产权，权利人可能会寻求拓展知识产权保护范围。3D 打印机提供的不单纯是复制，而是提供了一个打印创意设计产品的新型工具。因此，怎样平衡知识产权权利人、制造商、服务商、共享交换网站、创客与普通消费者之间的利益，成为 3D 打印产业发展中无法回避的难题。

正如数字技术、互联网诞生之初提出的挑战一样，虽然 3D 打印及其相关技术的新近发展给知识产权制度带来了一定的挑战，但是，这些高新技术并未从根本上颠覆传统的知识产权制度。不过，在 3D 打印倡导并践行开放、协同、共创、共享发展理念的当下，3D 打印专利间接侵权与自我复制专利侵权的界定、3D 生物打印的知识产权与伦理规范、CAD 文档版权与合理使用制度的变革、3D 打印商标侵权与应对、3D 打印开源硬件的知识产权许可路径选择等难题，则是知识产权实务界与学术界必须面对的。

刘强教授主持的国内首个研究 3D 打印知识产权问题的国家社科基金项目"3D 打印知识产权法律问题研究"对上述难题一一进行了系统探讨和深入回应，提出了自己的独到见解，表现出敏锐的学术视角和深厚的学术素养。三年前，在我申报有关 3D 打印知识产权制度变革的国家社科基金重大项目期间，有幸与刘教授有过密切合作。在那通宵达旦的一个多月里，我多次清晨六点许打电话骚扰远在长沙的刘教授，欲与他共同商讨申报中的重点和难点问题。他总会在铃声响起的瞬间接听我的电话，然后心领神会地聊将起来。他勤奋向上、专心致志、认真刻苦、乐于合作的精神令我十分佩服。我主持的国家社科基金重大项目之所以能申报成功，与刘教授的全力投入是密不可分的，在此，表示衷心的感谢。我期待着今后与刘教授有更多的合作机会。

欣闻刘强教授撰写的《3D 打印与知识产权法》专著即将出版，作为同行和朋友，尤为高兴。祝愿刘强教授百尺竿头，更进一步。

郑友德
（华中科技大学法学院教授）
二〇一七年四月五日于东湖喻园

前　　言

　　3D 打印技术是一种添加式快速成型制造产品的技术，已经广泛应用于产品设计、设备零部件制造、医疗保健等领域，并将引发一场制造业革命。使用 3D 打印技术可大幅降低生产成本，缩短加工周期，从而提高原材料的使用效率，消费者还可根据自己的需求个性化地定制产品。从经济学角度来说，3D 打印有利于克服交易成本和减少负外部性。在 3D 打印环境下可以将产品制造的个性化、社会化和标准化等特点加以有效的结合，极大地提高了产品制造的效率和适应性，是制造业未来发展的方向。3D 打印不仅提高了产品设计、制造和传播能力，还带动了开放设计、社会制造和定制服务等产业的发展。

　　3D 打印技术的推广，将产生现有知识产权制度未曾遇到且难以解决的问题。3D 打印开放创新是以产品设计图作为核心要素发展起来的，具有创新主体社会化和行为民主化相互促进的特点，形成了产品发明成果集成化与权利碎片化的耦合发展。在 3D 打印领域，知识产权权益的分散化会使得保护和权利的行使难度大增，如果其交易成本超过能够获得的收益，将实质性地阻碍智力成果的有效流动与配置。在利益结构方面，会产生利益主体类型简化、利益主体数量增多的现象，以及利益分散化和扁平化、利益交叉化、利益实现的快速化等情况。

　　3D 打印技术发展与知识产权制度之间存在基础和从属两个层次的矛盾，有待通过制度变革加以解决。在基本矛盾层面，主要是知识产权的独占性和 3D 打印开放创新公共性之间的矛盾。在从属矛盾层面则表现为开放创新活动灵活化与知识产权制度强化之间的矛盾、权利主体的多元化与公共许可机制缺失之间的矛盾，以及权利经济收益的分散化和知识产权制度成本相对升高之间的矛盾。3D 打印在知识产权的取得、许可和保护等领域带来了传统知识产权难以解决的问题。有必要在体现灵活化和开放性的原则下对知识产权制度规则进行改进，以期促进 3D 打印开放创新和产业发展。

3D 打印技术发展对知识产权制度所形成的最为明显的挑战莫过于导致了较高的知识产权侵权风险。由于 3D 打印的制造行为具有分散化、隐蔽化和个人化的特点，3D 打印产品设计图容易被复制和传播，3D 打印产品设计更新周期较快，以及 3D 打印产品设计图易通过"反向工程"获取等特点。在可以预见的将来，3D 打印必然会对知识产权保护形成明显的挑战。因此，有必要对此进行设想和应对，以利于抓住 3D 打印产业发展的良好机遇，❶ 并主动地迎接 3D 打印时代技术革命的到来。

在 3D 打印专利制度变革方面，现有专利制度是在传统封闭式专业化创新模式下建立的，为了满足经济实力较弱的 3D 打印开放创新主体的专利保护需求，我国应进行专利制度的变革，使得知识产权法体系更偏向于小企业和个人发明。有必要实现专利授权机制的灵活化，保护对象应当拓展至功能性和审美性相结合的产品设计，吸收著作权制度确权程序的便利之处，降低专利申请费用，适当缩短专利授权的审批时间，对于说明书附图的文件形式作灵活要求。同时，要强化专利权人获得保护时应承担的义务，包括专利实施义务和信息披露义务。应当在新的专利法框架下实现利益平衡，包括维护专利权人对后续成果的使用权益、限制非竞争对手的侵权责任、限制保护范围和期限。

在 3D 打印环境下，专利权的有效保护面临较为明显的冲击，传统的"守门人"理论面临困境。对于产品设计图提供者应当要求其承担专利间接侵权责任，将产品设计图作为产品"零部件"纳入间接侵权行为的对象。同时，有必要以专利法第四次修改为契机，建立网络专利间接侵权制度，对于网络服务提供商的"次级"乃至"三级"专

---

❶ 张晓龙："我国知识产权制度应对 3D 打印技术发展的路径选择——以三螺旋模式理论为视角"，载《河南师范大学学报》（哲学社会科学版）2016 年第 5 期。

利间接侵权责任予以规定。在具体规则方面，应当合理界定"知道"和"应当知道"的认定标准，明确"合格通知"和"必要措施"的内容，在侵权行为后果方面应当采用"独立说"而非"从属说"，从而有效应对 3D 打印所带来的专利侵权风险。

在 3D 打印技术领域，专利产品的购买者可以借助该产品自身所具有的技术功能实现自我复制。而在专利法上，自我复制属于制造性使用行为，这对专有性权利和现有的利益格局构成了挑战。在进行专利侵权认定时，应当在专利权用尽规则中适用"制造和使用"二分法，将自我复制视为制造行为并认定其构成专利侵权，以满足专利权人合理的利益预期。与此同时，有必要对自我复制行为构成专利间接侵权的情形予以限制，将自动复制行为和不可避免的复制行为作为侵权的例外，以免自我复制行为实施者承担过高的专利侵权风险。

3D 打印人体器官技术是 3D 打印技术与生物技术的有机结合。该技术近年来发展迅速，在解决生命科学诸多问题的同时，也引发了社会伦理问题，并且其获得专利授权的正当性也面临着挑战。将 3D 打印人体器官的法律属性界定为人格物，是对其存在的伦理风险的化解之道。3D 打印所得到的人体器官本身及其方法具有专利性，在适用专利"三性"授权标准时应当体现该技术的特殊性。我国应当在制定生物技术领域的专利授权政策时采取积极态度，但又需对审查标准严加把握，以此缓解专利授权中技术发展与伦理规范之间的矛盾。

3D 打印领域保护产品设计图著作权的两个主要问题是：一是 3D 打印产品设计图是否构成著作权法上受保护的作品；二是根据产品设计图 3D 打印制造产品是否属于著作权法意义上的复制行为，以及是否需要为这种复制行为提供法律保护。只有在这两个问题上得出肯定的意见，权利人才能够有效利用产品设计图著作权禁止使用者（包括经营者和个人使用者）未经许可地通过 3D 打印制造并使用其产品。

产品设计图是 3D 打印的关键要素。著作权法上产品设计图所指的"产品"是不属于美术作品、建筑作品、实用艺术作品或摄影作品的实物品，而将设计图作为单独一类的图形作品给予著作权的保护。传统作品主要用于满足人们阅读欣赏等精神、文化消费需求，而产品设计图产生和存在的目的则在于"为生产而绘制",首先满足实用功能要求。在独创性认定方面,从功能应用角度利用 3D 扫描获取实物产品用于制造或复制会减小认定其具备独创性的可能。在判断独创性主体方面,可以采用相同或相近似种类产品在市场中的普通消费者的标准。基于思想与表达的"融合原则",若该 3D 打印设计文档是反映实用物品的唯一方式,则对于此类作品不给予著作权保护。

由于产品设计图的价值主要体现在制造产品中,因此根据其进行 3D 打印并制造产品的行为应当被认为是著作权法上的复制行为,并且对其提供著作权保护。在确定保护范围时,应当根据现有最为严格的标准,以设计专家作为判别设计图与产品是否构成相同或者近似的主体。在进行保护时,还需要解决权利公示问题,要对根据产品进行直接 3D 打印复制行为提供保护,并且设定新型邻接权。通过这些措施,可以有效地保护 3D 打印领域的著作权,并鼓励通过 3D 打印制造和传播作品。

开放源代码硬件是对实物产品的设计信息进行开放共享的运动,其发展面临经济成本不断攀升和缺乏有约束力的许可协议等阻碍。3D 打印技术为开源硬件运动的发展提供了有效的支撑,克服了产品制造的技术和经济门槛,为依据知识产权法律制定许可协议提供了工艺基础。在 3D 打印环境下,根据专利权或者合同约束制定开源硬件许可协议存在缺陷,而以著作权为基础构建许可协议是可行的。许可协议应当包括授权性条款、义务性条款和免责性条款。通过对许可协议的合理制定,可以在 3D 打印背景下推动开放源代码硬件运动的发展。

3D 打印数字模型存在商标性问题,有必要规定对商业外观的法律保护,并且对虚拟数字模型给予商标保护,允许立体商标通过使用获得显著性。对于 3D 打印引发的商标侵权可能性增加,在侵权认定方面存在困境。非商业性 3D 打印产品,或传播、销售设计图不构成直接商标侵权,而间接侵权认定也存在局限,商标使用存在虚拟化问题。混淆理论和淡化理论可以适用于处理 3D 打印商标侵权问题。有必要取消"在商业活动中使用"作为侵权构成要件,拓展商标间接侵权制度，将"避风港"规则引入商标领域，对技术措施给予商标保护，以便在 3D 打印环境下为商标权人提供有效保护。

在 3D 打印环境下，传统类型的知识产权，包括专利权、著作权及商标权等，对工业品设计的保护均存在不足。构建新型的工业设计权能解决现有知识产权制度保护缺位的问题。我国有必要借鉴英国《版权、外观设计权和专利法》、欧盟《外观设计条例和指令》、美国《船壳设计法》、日本《反不正当竞争法》等域外经验，对工业设计权制度进行合理的设计，在保护对象、授权标准、登记与公示程序、权利内容和限制，以及保护期限方面制定相应的规则，以期促进 3D 打印产业的有序发展。

目　　录

第一篇 3D 打印知识产权基础问题

第一章

3D 打印时代的开放式创新

一、3D 打印的技术特点

(一) 3D 打印技术概述

3D 打印技术又称为增材制造技术（Additive Manufacturing, AM）[1]，是一种添加式快速成型制造产品的技术。[2] 该技术诞生于 20 世纪 80 年代后期，被认为是近 30 年来制造领域中一个最重大的成果。与传统的削减式生产过程不同，该技术以在 3D 打印机中加载经过智能化处理后的 3D 数字模型文件为基础，运用金属、塑料、陶瓷、树脂等粉末状可热熔黏合材料，通过分层加工、叠加成型的方式进行沉积或黏合形成材料层，"逐层增加材料"来生成 3D 实体。[3] 该技术的工作原理并不复杂：首先，计算机会将 3D 数字模型"切片"，将其分割成可供打印的若干薄层；其次，3D 打印机使用相应原材料将薄层逐层打印出来；最后，通过对薄层进行叠加并黏合，最终形成一个三维物体。[4] 有人形容这一过程如同我们家里盖房子一样，砖头被一层层

---

[1] 王雪莹："3D 打印技术与产业的发展及前景分析"，载《中国高新技术企业》2011年第 26 期。

[2] ［美］胡迪·利普森、梅尔芭·库曼：《3D 打印：从理想到现实》，赛迪研究院专家组译，中信出版社 2013 年版，第 15 页。

[3] 吴怀宇：《3D 打印：三维智能数字化创造》，电子工业出版社 2015 年版，第 2 页。

[4] Josh Blackman, The 1st Amendment, 2nd Amendment, and 3D Printed Guns, Tennessee Law Review, 2014，81：481.

砌上去，最终盖出一幢立体的房屋。❶

3D 打印技术大致可以细分为以下五种类型：3D 喷墨打印技术；溶积成型技术；选择性激光烧结技术；电子束熔炼技术；聚乙烯挤出打印技术。该技术根据内容可以分为两大部分：计算机辅助设计技术（CAD/CAM）和叠层制造技术。❷ 设计者使用 CAD/CAM 软件设计产品的 3D 数字模型，然后将 3D 数字模型保存为电脑指令格式（如 CAD 格式），最后使用 3D 打印机直接读取该指令并逐层打印出 3D 作品。叠层打印技术起源于"快速原型"技术，主要用于产品和零件的快速设计，在早期应用于鞋底和汽车引擎设计。理论上，所有形状的 3D 数字模型都可以通过 3D 打印机打印出来。目前，凭借该技术已经成功打印出珠宝、牙齿、冰激凌、玩具、房屋、发动机部件和枪支模型等。

（二）3D 打印技术的优势

从出现第一台商业 3D 打印机到今天，短短 30 多年时间里，3D 打印技术从无到有，从实验室到家用，正在逐步进入并且改变着我们的生活。未来，消费者可以在家里自己打印所需产品，甚至部分工厂都有可能随着 3D 打印机的普及而消失。❸ 3D 打印已经广泛应用于产品设计、设备零部件制造、医疗保健等领域。可以预见，3D 打印与互联网、云计算等技术相结合将会深刻地改变实物产品的创作和生产方式。3D 打印在提高制造能力、节约制造成本、环保节能等方面的作用十分突出。

从经济学角度来说，3D 打印有利于克服交易成本和减少负外部性。在交易成本方面，一般而言，个人从其他人那里购买需要的产

❶ 姚强、王丽平："'万能制造机'背后的思考——知识产权法视野下 3D 打印技术的风险分析与对策"，载《科技与法律》2013 年第 2 期。

❷ V. Braun，M. Taylor，3D Printing，Computer and Telecommunications Law Review，2012，18：54.

❸ Deven R. Desai，Gerard N. Magliocca，Patents，Meet Napster：3D Printing and the Digitization of Things，The Georgetown Law Journal，2014，102：1691-1720.

品——这是社会分工的结果。制造产品的专业化提高了产品生产效率（产生了规模效应）、降低了生产成本，但是也增加了交易成本，包括搜寻交易当事人，谈判成本、履行合同等经济、社会成本。随着产业链不断拉长，交易成本带来的阻碍作用日益凸显。通过 3D 打印，生产成本可以进一步降低，并且也可以减少交易成本。使用 3D 打印技术不仅可大幅降低生产成本，缩短加工周期，提高原材料的使用效率，消费者还可根据自己的需求个性化地定制产品。

3D 打印能够促进产品的制造和传播，增加消费者福利。首先，3D 打印使得产品的制造更为便利。其一，能够降低生产成本。制造商不再受限于传统制造工艺中的加工机械和模具，只需根据 3D 设计图就能直接打印出产品。其二，能够拓展制造者范围。个人使用者将有能力利用 3D 打印制造产品，而不必从经营者（或者仿冒者）处购买产品，防止可能产生与制造者身份上的混同。其次，3D 打印使得产品传播更为便利。一是产品流通方式的简化。作为 3D 打印的核心要素，产品设计图可以在互联网上便捷地传播。二是产品流通环节的减少。传统上，产品的流通需要经过生产、销售、消费等多个环节，而 3D 打印技术能使其合为一体，从而不再受传统销售渠道的限制，同时减少了产品的流转时间和费用。

在负外部性方面，3D 打印有利于节约能源和原材料，实现环境保护等社会效益。相比于传统的"减材制造技术"，3D 打印技术不仅可以提高生产效率，而且能够降低生产成本：一方面，利用该技术进行生产无须制造模具，从 3D 数字模型到最终产品的制造仅仅需要花费几个小时，大大节约了生产时间、提高了生产效率；无须原胚和模具，不需要像传统数控制造那样在原材料的基础上，使用切割、磨削、腐蚀、熔融等办法去除多余部分，得到零部件，再以拼装、焊接等方法组合成最终产品，而是直接根据计算机图形数据，通过增加材料的方法生成任何形状的物体。因此，3D 打印具有简化制造程序，缩短研发周期、提高生产效率并降低成本等优势，节约了能耗。另一方面，该技术使用的生产原料是成本相对低廉的粉末状金属、塑料、树脂等，使用这种原料进行生产不容易造成浪费，从而降低了生产成本。❶ 因此，3D 打印技术面临着前所未有的发展机遇。

(三) 3D 打印引领新一轮工业革命

近年来，3D 打印技术处在持续发展过程中。3D 打印在使用材料的选择范围上不断拓宽，现在已经涵盖了各种类型的新材料（如液体、纸张、人体干细胞等）。目前，3D 打印技术在工业制造、医疗卫生、文化创意、建筑工程、个性化定制等领域得到了初步应用，出现了诸如 3D 打印玩具、3D 打印人体器官、3D 打印房屋等一系列使用该技术制造的产品。此外，3D 打印还可广泛用于生物医学、建筑与城市规划、食品制作、航空航天、国防军工，以及考古科研等领域。

随着 3D 打印设备和服务市场规模的不断扩大，3D 打印将引发一场制造业革命，《经济学人》杂志认为会带来"第三次工业革命"。❷ 3D 打印技术自诞生以来，一直以潜移默化的方式影响着人类的生产和生活方式。随着 3D 打印设备价格的降低和更易获取，3D 打印的作用范围从工业应用延伸到个人消费领域。目前，3D 打印技术的门槛逐渐降低，相关设备进一步普及，市场上已经出现了几千元的 3D 打印机，可以想见 3D 打印机进入普通家庭仅仅是时间问题，在不久的将来人们就可以根据自己的意愿实现对产品的"打印"及再传播。如同计算机的发展历程，我们有理由预见 3D 打印机终将成为个人消费品，普通消费者可以自己创作或复制他人的 3D 数字模型进行 3D 打印，"个性化生产"将成为可能。

如果说前工业化时代产品制造基本上是属于个人化的（缺乏社会化和标准化），而工业化时代产品制造实现了社会化和标准化（但是个性化不足），那么在 3D 打印环境下（尤其是与互联网相结合）可以将产品制造的个性化、社会化和标准化等特点加以有效的结合，极

---

❶ Lisa Lennon, Lauren Eade, Anna Smyth, 3D Printing-Design revolution or intellectual property nightmare? Law Society Journal, 2013, 10: 61.

❷ 3D printing scales up, The Economist, Technology Quarterly, 2013-9-7: 11.

大地提高了产品制造的效率和适应性，是制造业未来发展的方向。

表 1 不同时期技术特点对比图

	个性化	社会化	标准化
前工业化时期	√	×	×
工业化时期	×	√	√
3D 打印时代	√	√	√

从宏观层面来说，该技术甚至会带来产业能力在世界范围内的重新布局。传统制造业需要借助规模经济来获得利润[1]，这使得大规模生产向劳动力等成本较低的发展中国家转移。但是 3D 打印可能会扭转这一趋势，使得制造业重新回归到发达国家[2]。因此，3D 打印已经成为发达国家重振制造业的重要领域。中国要想成功地将"中国制造"转型升级为"中国智造"，就必须把握 3D 打印带来的历史性机遇。

二、3D 打印推动开放式创新

（一）3D 打印领域创新活动的两种类型

对于保护 3D 打印产品发明的知识产权制度，在规则设计中必定要考虑其创新活动的特点。有必要将 3D 打印产业分为两类，第一类是封闭式创新 3D 打印产业，包括 3D 打印设备、3D 打印工艺和 3D 打印材料等领域的创新。从参与创新的主体范围来说，发明活动局限于产业界内部而社会公众难以介入；从制度需求角度来说，目前的知识产权制度足以对其进行有效的保护，无须进行重大的变革与完善。

---

[1] Andrew Sissons, Spencer Thompson, Three Dimensional Policy Why Britain needs a policy framework for 3D printing，http：//www.biginnovationcentre.com，2016-01-10.

[2] Marc Mimler，3D Printing, the Internet and Patent Law - A History Repeating? La Rivista di Diritto Industriale，2013，62（6）：352-370.

第二类是开放式创新 3D 打印产业，包括开放设计❶、社会制造❷和定制服务❸三大区别于传统制造模式的新型产业类型。此类创新活动在充分利用 3D 打印技术特点的基础上，得到了社会公众的广泛参与，为满足不同层次的社会公众消费者对于新产品的需求提供了新的设计、制造和商业运作模式，对现有知识产权制度形成了显著挑战。

目前，以开放设计、社会制造、定制服务为核心，已经形成了 3D 打印开放驱动创新生态圈，相对于 3D 打印产业中封闭创新部分而言更具有发展前景，并且与其相关的行业参与者对于知识产权制度有着不同以往的需求。从技术特点来说，开放设计等新兴 3D 打印产业都体现了 3D 打印的技术特点，实现了产品设计、制造的个人化、便捷化和传播手段的互联网化，克服了传统制造业所面临的技术和经济门槛；❹ 从市场前景来说，开放设计等产业已经形成了从设计、制造到服务的完整产业链，具有现实可行性并蓬勃发展，在国内外的市场规模已经得到实现，发展前景得到普遍认可；从制度需求而言，这些产业均面临着现有知识产权制度难以解决的困境，遇到了显著的制度瓶颈，必须要通过知识产权制度的变革与调整推动其获得持续的发展。

---

❶ 开放设计是指设计需求者将其需求在互联网上向其他用户进行提交，并由众多设计者参与设计的公共化设计过程。参见 Thierry Rayna & Ludmila Striukova, Open Innovation 2. 0 - Co-creating with users, Communications & Strategies, 2013-3-25.

❷ 社会制造是不局限于少数规模化制造者而利用众多拥有 3D 打印机资源的网络用户共同参与的社会化制造过程，即包括单个用户打印整体产品，也包括分别 3D 打印零部件以后进行组装的云制造过程。参见 Sklyer R. Peacock, Why Manufacturing Matters：3D Printing, Computer Aided Designs, and the Rise of End-User Patent Infringement, William & Mary Law Review, 2014, 55（5）：1933-1960.

❸ 定制服务是制造商根据网络用户提交的产品设计图或者相应的需求提供定制化产品制造服务的过程。参见 Thierry Rayna, Ludmila Striukova & John Darlington, Open Innovation, Co-creation and Mass Customisation：What Role for 3D Printing Platforms? in Brunoe, T. D., Nielsen, K., Joergensen, K. A., and Taps, S. B., editors, Proceedings of the 7th World Conference on Mass Customization, Personalization, and Co-Creation（MCPC 2014）, Aalborg, Denmark, February 2014, Lecture Notes in Production Engineering, Springer, 2014, pp. 425-435.

❹ 王文涛、刘燕华："3D 打印制造技术发展趋势及对我国结构转型的影响"，载《科技管理研究》2014 年第 6 期。

需要明确的是，3D 打印产业中对知识产权制度挑战最大的是开放创新驱动的部分，而封闭创新驱动部分的影响并不显著。现有知识产权制度对开放创新 3D 打印产品的保护存在错位与缺失。随着 3D 打印应用领域的拓展和使用规模的扩大，对于相关知识产权的确权、运用和保护所产生的影响也逐步凸显。3D 打印产业发展的若干特点对于知识产权制度的改革产生了重要影响。由于现行的知识产权制度主要针对 3D 打印时代之前的技术发展特征，对于 3D 打印产业（尤其是其中开放创新的产业部分）不能给予有效而充分的调整。

（二）产品发明核心要素的图形化

传统的知识产权制度是在专业化产品设计和规模化产品制造，以及单向性的产品流转模式下建立和发展起来的。例如，在专利保护过程中特别依赖申请人对于技术方案的概括提炼与文字描述，而产品示意图等只是作为辅助手段加以利用。随着 3D 打印时代的到来，其使用的产品设计图由计算机辅助设计软件制作或者通过扫描获得，能够被机器所识别并对制造过程提供指引，制造出三维立体产品。因此，产品设计图已经成为 3D 打印产品发明的核心要素。3D 打印所依据的产品设计图是指设计者为实现产品的特定功能，在遵循科学技术规律的基础上，运用点、线、面及其他几何要素对产品的结构和形状所做出的图形表达。其价值在于能够投入生产并转化成产品，在实现产品技术功能的同时，具有独特、美观的结构和外形。并具有直观化、数字化和易操作的特点，避免了传统发明通过文字方式对于技术方案内容进行间接描述所导致的障碍，大大降低了社会公众参与产品发明的技术门槛。

3D 打印产业，尤其是 3D 打印内容产业的发展，是以产品设计图作为核心创新要素的。无论是开放性的产品设计、社会化的产品制造和个性化的定制服务，均围绕产品设计图展开。在传统工业领域，产品设计图是经营者用以制造工业产品的蓝图。随着 3D 打印技术的兴起，使用者主要根据计算机辅助设计所制作的产品设计图，利用快速成型技术来制作三维立体产品。3D 打印使用者可以自行绘制或者使用他人提供的产品设计图，打印制造所需产品，因此产品设计图是 3D 打印制造产品不可或缺的要素。由此，对于产品设计的创新可以对消费者产生吸引力，提高市场竞争力并带来经济回报。

在 3D 打印中，工业产品与产品设计图存在一一对应的关系。由于 3D 打印侵权行为也是围绕产品设计图展开的，因此有必要进行针对性的规制。其来源可能是利用 CAD 软件制作获得，或者通过对实物产品进行 3D 扫描得到。

首先，通过 3D 建模软件"从无到有"设计出的设计图。3D 打印能够最大限度地扩展设计师的想象空间，制造传统工艺所不能及的奇异结构正是其魅力所在，有人认为只要能够解决 3D 打印的材料问题，任何在计算机上被设计成 3D 图形的产品都可以打印。[1] 目前，常用的 3D 模型设计软件主要包括 3d Max、犀牛软件、SketchUp、SolidWoeks 等，通过这类软件，设计者可以对产品的形状、尺度、色彩、图案与质地等进行设计，以契合空间的功能与性质，符合并体现环境设计的总体思路[2]。3D 模型设计是 3D 打印技术的第一步，也是最为重要的一步，但事实上很少有人有能力和时间开展设计工作，因为 3D 建模过程需要经过一个先整体后部分、先全面后细节、层层深入，最终完成模型制作的复杂过程，设计者自身的个性无疑会影响对线条、色彩、比例、角度、光影、背景等要素的自由选择，并最终使设计图表现出包含着严谨、精确、和谐与对称的"科学之美"。如果通过这种方式获得的设计图满足独创性要求的话，可以作为图形作品受到著作权保护。

其次，通过"三维反向工程"扫描所得的数字化模型。[3] 所谓三维反向，是指从实物样本获取产品数学模型并制造得到新产品的相

---

❶ 参见杨继全、冯春梅：《3D 打印：面向未来的制造技术》，化学工业出版社 2014 年版，第 32 页。

❷ 参见杨继全、冯春梅：《3D 打印：面向未来的制造技术》，化学工业出版社 2014 年版，第 37 页。

❸ 宁立志、王德夫："论 3D 打印数字模型的著作权"，载《武汉大学学报》（哲学社会科学版）2016 年第 1 期。

关技术，即可以轻松地获得实物的 3D 模型，并实现快速复制实物，对已有产品进行优化和创新设计❶。很明显，通过三维反向工程获得的 3D 模型并不是设计师独立创作的产物，而只是对已有产品的"再现"。

（三）3D 打印产品发明活动的开放化

随着 3D 用户提供内容的趋势愈发明显，会呈现 Web2.0 时代特征。❷ 就知识产权制度保护的对象而言，经过专业化设计的 3D 打印新产品无疑能够受到保护。然而，3D 打印带来了创作者、制造者和消费者身份的混同。消费者参与的开放式发明活动所产生的新产品，创新程度较弱但数量巨大，能否得到知识产权保护则存在问题。

在 3D 打印领域，呈现产品设计主体社会化和行为民主化相互促进的态势。首先，3D 打印使得参与产品设计的主体范围得到拓展，并呈现社会化趋向。目前，涉及 3D 打印的产品研发活动，已经从仅限于专业性生产企业或者研发机构的"封闭式"创新，发展到社会公众广泛参与的"开放式"创新。例如，Thingiverse 等开放共享社区提供的创作者交流产品设计平台，被称为开放创新社区（Open Innovation Communities，OICs），是一种允许成员免费使用发明创造的知识共享机制。目前甚至已经出现为发明者从社会公众募集资金的众筹网站，如 Kichstarter 等，可以就尚未完成开发的新产品获得资金支持。在 3D 打印出现之前，消费者几乎不可能自行生产所需要的产品，而必须由专业的制造商来生产，开放共享社区一般也只是少数生产厂家、销售者或相关的爱好者在较小的范围内共享知识、信息的一个封闭式平台。3D 打印出现之后，通过扫描获得产品设计图或者对其修改的技术门槛被实质性地降低了，每个人都能参与产品设计，消费者和生产者之间的传统界限越发模糊，产品设计主体不再局限于

---

❶　参见杨继全、冯春梅：《3D 打印：面向未来的制造技术》，化学工业出版社 2014 年版，第 47-55 页。

❷　熊琦："Web2.0 时代的著作权法：问题、争议与应对"，载《政法论坛》2014 年第 4 期。

专业人员，并出现社会化趋向。

其次，3D 打印使得信息和知识的传播更为便捷，产品创新活动呈现民主化趋势❶。3D 打印所需的 CAD 文档与产品存在相互对应关系。一旦拥有了 CAD 文档，也就意味着拥有了产品。每个人都可以自由地按照自己的喜好修改产品设计文档，开放共享社区也不再局限于是少数"圈内人"的平台。而且，3D 打印"添加式"的制模方式比传统上先做产品模型再进行"削减"的方式更加节省材料，修改产品设计也更加方便，从而提高了产品试验的效率和质量。创作者可以将 3D 打印用于制造产品模型，并对产品性能进行测试，从而更有效地参与产品的发明和设计。

---

❶ 参见郑友德、王活涛："论规制 3D 打印的法政策框架构建"，载《电子知识产权》2014 年第 5 期。

第二章

3D 打印对知识产权制度的挑战

3D 打印不仅变革了经营者的产品生产和传播方式，也改变了个人消费者获得新产品的途径。随着产品设计数据模型在互联网的广泛传播，普通的个人消费者可以实质性地参与新产品的创作和设计；由于制造门槛的消失和成本的降低，个人也可以 3D 打印制造新产品，而无须通过传统商业渠道获得，传统的产品设计、制造和流转关系及利益分配格局受到严峻挑战。因此，随着 3D 打印技术的推广，会引发现有知识产权制度未曾遇到并且难以解决的问题，因而有必要通过制度的完善和变革为 3D 打印环境下的智力成果的保护和传播提供新的法律框架。

一、3D 打印知识产权利益结构变化

知识产权的结构问题包括构成知识产权各要素的成分和各成分之间的组合方式[1]。目前，对于权利结构问题关注得比较多的是其客体层面[2]，然而在主体和内容方面的结构问题也不应被忽视。权利结构的变化可能会导致私法领域出现对他人权利进行支配的权力[3]，也会使得权利所能发挥的功能和价值发生显著变化。

随着 3D 打印技术的推广，产品发明开放创新和社会制造活动的

---

[1] ［比利时］仁比·M. 布格克曼：《结构主义：莫斯科—布拉格—巴黎》，李幼燕译，中国人民大学出版社 2003 年版，第 8 页。

[2] 陈醇："权利的结构：以商法为例"，载《法学研究》2010 年第 4 期。

[3] 陈醇："集中性民事权利的滥用及其控制"，载《法商研究》2008 年第 6 期。

普及，围绕其产生的智力成果利益结构会发生显著变化。包括利益主体、客体和内容在内的各要素均呈现不同以往的特点。由此，也将导致知识产权规则的利益平衡点随之移动，制度的保守性和封闭性会带来利益保护的错位与缺失。在 3D 打印领域，知识产权权益的分散化会使得权利保护和权利行使难度增加，如果其交易成本超过能够获得的收益，将实质性地阻碍智力成果的有效流动与配置，此问题必须要得到关注。

（一）利益主体的结构

首先，利益主体类型简化。原有的知识产权人、竞争对手和社会公众三元结构，随着竞争对手的消失或者弱化，转变为知识产权人与社会公众二元结构。传统上，由于消费者制造产品存在技术和经济门槛，使得其不得不依赖专利权人、被许可人或者未经许可的竞争对手获得受专利保护的产品。专利权人如果发现侵权行为，可通过向侵权者提起诉讼的方式间接取得消费者使用专利产品所获得的收益。三元结构的存在，使得专利权人不必直接面对数量庞大的最终消费者，可以以较低的维权成本从侵权竞争对手那里获得赔偿。然而，3D 打印降低了产品制造的门槛，导致终端用户可以在家中打印而不必通过专利权人的竞争对手来获得产品。由于专利权人向终端用户主张权利的时间和费用成本过高，甚至超过其所能够获得的经济赔偿，因此专利权人更加倾向于在源头上制止侵权，即向 CAD 辅助设计文档传播者主张权利。❶ 专利法经过数百年的发展形成了一套比较通行的诉讼模式，即专利权人向数量有限的商业行为实施者来提起诉讼。权利的行使只在专利权人及其竞争对手之间才有效，而在专利权人和终端用户之间并无意义。如果专利权人要将诉讼对象拓展至 CAD 文档制作者和终端用户，在现行规则下不仅于法无据，而且法院对于扩展知识产

---

❶ Sklyer R. Peacock，Why Manufacturing Matters：3D Printing，Computer-Aided Designs，and the Rise of End-User Patent Infringement，William & Mary Law Review，2014，55：1933.

权法所触及的主体范围将会非常谨慎，不会贸然行动。

利益主体从三元结构到二元结构的现象不仅存在于直接侵权中，还存在于间接侵权。以专利产品的修理与重做情形为例，其买受人原本通过向专利权人或者其竞争对手购买零部件进行修理。然而，如果该竞争对手销售零部件的行为未经许可，并且买受人的"修理"行为已经构成非法的整体重建，则前者构成帮助性间接侵权。随着 3D 打印技术的出现，专利产品买受者不再需要外购零部件，转而自己制造零部件，因此也使得专利权人的竞争对手消失。❶ 专利权人发现买受人非法重做的可能性降低，从较易被发现的竞争对手那里获得赔偿的可能性也不复存在。❷

其次，利益主体数量增多。其一，从创新活动角度来说，参与创新主体的数量增加使得对创新成果提出知识产权诉求的利益主体增多。3D 打印产品发明存在成果集成化与权利的碎片化耦合发展的趋势。在集成化方面，3D 打印最终产品可能包含多个创作者的劳动，以达到适应消费者需求的目的。在 3D 打印环境下，每个人都可以对产品设计文档进行修改，如开放共享社区成为产品设计创作的主要来源。CAD 文档蕴含着设计者或修改者的技术方案，是一种技术发明创新，应该被给予知识产权的保护。创作者可以将 3D 打印行为用于制造产品模型，并对产品性能进行测试，从而更为有效地参与产品发明和设计，并使得最终的产品设计成果集成了多个创作者的贡献。❸ 在碎片化方面，产品发明活动的民主化也带来知识产权权利的分散化。在专利制度起源时期，可以认为一项专利对应一件产品，如同托马斯·杰斐逊所描述的："如果将一项技术放入背包中再摇晃它，它

---

❶ Deven R. Desai & Gerard N. Magliocca，Patents，Meet Napster：3D Printing and the Digitization of Things，The Georgetown Law Journal，2014，102：1691-1720.

❷ 范长军、郭志旭："3D 打印对专利产品修理与重做规则的挑战"，载《华中科技大学学报》（社会科学版）2014 年第 5 期。

❸ 3D 打印"添加式"的制模方式比传统的先做产品模型再进行"削减"的制造方式更节省材料，修改也更加方便，提高了产品试验的效率和质量。

能够产生响声。"❶然而，3D 打印时代，产品设计中不同创作者的贡献将难以截然区分。CAD 文档蕴含着设计者或修改者的技术方案，均应当被给予相应的知识产权保护。对于最终产品做出贡献的创作者都能够对 3D 打印产品设计提出权利要求，因此其所附着的知识产权及权利人的数量将是惊人的。3D 打印产品制造者面临的权利丛林问题将比较严重，对产品设计的有效实施将形成显著的知识产权障碍。其二，从侵权行为主体来说，原本制造产品的行为及其产生的利益集中于权利人的竞争对手，而现在是分散在各个 3D 打印产品个人制造者和消费者手中。如同打印机和复印机出现以后对于作品复制带来的冲击，其使得对作品复制的行为脱离了权利人的视线和控制，可在众多办公室和图书馆内进行复制。3D 打印也将带来民主化制造的现象。❷ 从知识产权法保护独占权利的机制看，由于制度成本的存在，单独的法定禁止权并不能起到保护的作用，规模效应的存在支撑行使权利的有效性问题。在多数情况下，由于存在产品制造的技术门槛，对于普通消费者而言专利侵权是比较困难的。知识产权并不适应于追究所有侵权行为，而是针对规模性侵权行为。从另一方面来说，知识产权法律只是起到规制作用的力量之一，标准、市场、代码和物理建筑同样也起到规制作用。在其他手段不起作用时，法律也难以单独发挥作用。❸ 古代复制书籍是困难的且费用高昂，所以除非出现了机器印刷技术，否则还谈不上利用法律来保护作者就作品享有的利益。对于音乐作品而言，直到 1990 年代以前还存在同样的技术障碍，严重影响了音乐作品复制，而出现了数字化和标准化之后克服了这一障碍。❹ 英

---

❶ Robert P. Merges, As Many As Six Impossible Patents Before Breakfast: Property Rights for Business Concepts and Patent System Reform, Berkeley Technology Law Journal, 1999, 5: 577-615.

❷ Deven R. Desai & Gerard N. Magliocca, Patents, Meet Napster: 3D Printing and the Digitization of Things, The Georgetown Law Journal, 2014, 102: 1691-1720.

❸ Deven R. Desai & Gerard N. Magliocca, Patents, Meet Napster: 3D Printing and the Digitization of Things, The Georgetown Law Journal, 2014 (102): 1691-1720.

❹ 熊琦："音乐著作权许可的制度失灵与法律再造"，载《当代法学》2012 年第 5 期。

国3D打印专家阿德里安·鲍耶尔（Adrian Bowyer）开发的RepRap打印效果略逊色于工业化生产，但是制造成本只有原工艺的1%，说明其更能够为消费者所接受并得到广泛使用。❶ 此外，如果3D打印技术与互联网、云计算相结合也将极大地提高使用者的制造能力，例如利用云制造可以高效合理地配置多个网络用户的3D打印制造资源，快速制造汽车等多种零部件构成的产品，使得范围广泛的使用者参与到（侵权）产品制造过程中。

（二）利益客体的结构

首先，传统上属于知识产权保护边缘的创新成果所产生的利益逐步凸显。由于传统著作权和专利权分别保护审美性和功能性的产品，对于兼具两种特性的产品则缺乏有效的保护。❷ 在减材制造工艺中，即使通过计算机也很难精确地计算出切削工艺流程，从而自动地进行切削工艺。如果产品形状越复杂，切削工艺也会变得越困难。有可能设计出来的产品结构无法通过切削工艺制造出来。其原因在于，除了实际切削的产品部位以外，切削工具和设备不能作用于其他任何部位。很多中国的工艺品原来需要能工巧匠才能完成，现在也可以通过3D打印制造出来。❸ 由于不受制造工艺的限制，拓展了创作者的设计范围，审美性和功能性均有可能成为设计要素。在著作权和专利保护光谱两端的创作成果比较好分辨，但是在兼具功能性和艺术性的中间部分则比较难以区分，也尚未得到有效的知识产权保护。

其次，3D打印开放源代码硬件运动可以解决市场失灵的问题。智力成果的经济回报不足是其开发受到限制的主要原因。3D打印机

---

❶　Simon Bradshaw, Adrian Bowyer and Patrick Hauf, The Intellectual Property Implications of Low-Cost 3D Printing, 2010, 7 (1)：6-31.

❷　吕炳斌："实用艺术品可版权性的理论逻辑"，载《比较法研究》2014年第3期。

❸　3D打印在技术上完全去除了产品制造的工具路径计算问题。由于属于逐层叠加，因此总会有一个平滑的顶层并带来无数路径再次进行材料层的叠加。设计控制制造过程的计算机软件非常方便。在精度方面3D打印可能不及切削工艺，但是可以制造更为复杂的产品，使用的材料也从塑料拓展至金属粉末、陶瓷等。

可以用于制造其自身的主要零部件，并组装成新的 3D 打印机。传统产业受利益回报缺失的限制，不会在向消费者销售一台机器的同时提供产品设计图。这是市场失灵的典型例证：消费者很喜欢，但是没有制造者愿意提供。此时，在设备报废以后消费者只能从制造者处重新购买一台，或者购买零部件进行维修。但是 3D 打印开放源代码运动使得消费者不必再购买设备或者零部件，甚至可以制造该机器与销售者进行直接的竞争。例如，阿德里安·鲍耶尔等设计者决定将其所有的 3D 打印机设计图在网上提供，并基于自由软件公共许可协议（GNU）颁发许可，以此来解决供给不足的市场失灵问题。

（三）利益内容的结构

随着知识产权创新主体结构的变化和创新技术门槛的消失，其所产生利益内容的结构也会发生变化。传统产业利益集中化的构造将会被打破，也将给权利人的权益取得和保护机制造成冲击。

首先，利益分散化和扁平化。随着创新和利益主体数量增多，以及创新程度的降低，使得知识产权利益分散化。在开放创新活动中，不同创新主体之间对于最终智力成果的贡献程度并无本质区别，因此出现利益扁平化趋向。传统知识产权集中保护创新程度较强的产品发明和艺术创作，这需要较强的创新能力和资源投入。因此，将传统知识产权的权利类型适用于 3D 打印领域将变得力不从心。

其次，利益交叉化。3D 打印的最终产品集成了多个创新主体成果，创作者缺乏主观共同意思，但客观上却存在共同开发行为，其产生的知识产权利益共享问题需要得到解决。

再次，利益实现的快速化。3D 打印产品创作者看重能够获得的知识产权，但是更为重视权利背后所带来的利益。在该领域，随着创新活动开放性的增强和产品更新、替代速度的加快，成果利益实现的周期明显快于传统领域，使得传统知识产权的授权和许可机制失灵。目前，专利权获权门槛较高，并且时间和费用成本居高不下，无法适应 3D 打印开放创新活动的。著作权虽然获权较快，但是保护客体和保护范围又受到限制。因此，有必要对其进行革新。值得注意的是，利益实现的快速化不仅针对知识产权人，也能为搭便车者所利用。在知识产权以外，创作者将产品发明抢先推向市场原本是获得独占市场利益的重要路径❶，然而随着跟随者通过 3D 打印仿制速度的加快，这种获利模式也将难以奏效。

二、3D 打印行为与知识产权制度矛盾辨析

3D 打印技术犹如一柄"双刃剑"，其在促进人类生产力迅速发展的同时，也挑战着现行法律的秩序。3D 打印领域产业发展与知识产权制度的紧张关系主要体现在一个基本矛盾和三个从属矛盾上。其中，基本矛盾贯穿于开放设计、社会制造和定制服务等 3D 打印特色产业，而从属矛盾则体现在部分行业或部分领域中，两者均影响着3D 打印产业与知识产权制度，使其呈现相互作用和耦合发展。要解决这些矛盾必须对知识产权制度进行变革，同时也是促进 3D 打印产业发展的关键。

（一）基本矛盾

在基本矛盾层面，主要是知识产权的独占性和 3D 打印开放创新公共性之间的矛盾。在开放式设计、社会制造和定制服务领域，作为消费者的社会公众普遍参与 3D 打印活动是产业得以充分发展的必要条件，权利独占性所带来的权利归属界定、权利许可、权利保护等诸多活动对于 3D 打印产品设计、制造和流转行为产生严重的割裂作用，传统知识产权制度将阻碍开放式的创新活动。

事实上，由于 3D 打印开放创新的特点，不论是否采用独占性知识产权加以保护都将难以避免交易成本过高的问题。交易成本将成为智力成果向效益更高的市场主体和使用领域进行流转和配置的主要阻碍因素。根据新制度经济学中的科斯定理，若不存在交易成本，那么经济资源的初始配置就不会影响最终配置的效益最大化。但是，现实

---

❶　［美］威廉·M. 兰德斯、理查德·A. 波斯纳：《知识产权法的经济结构》，金海军译，北京大学出版社 2005 年版，第 43 页。

状况是任何交易均存在交易成本。采用知识产权制度可以在信息公开和明确对象等方面降低交易成本，但是会增加程序性的制度成本；若不采用知识产权保护，不仅缺乏有效的信息共享平台，而且会纵容无效率的搭便车行为。以上矛盾在传统产品的创新领域已经存在，但是由于创新程度较高并且利益主体范围有限，因此开发者更容易倾向于获取知识产权保护，而 3D 打印领域的特殊性使得这一矛盾日益凸显。

（二）从属矛盾

上述基本矛盾将不可避免地在具体领域中得到体现，演变为从属层面的矛盾。主要表现为三个方面。

1. 开放创新活动灵活化与知识产权制度强化之间的矛盾

以 3D 打印技术引领的开放式创新活动具有灵活化的特点，社会公众可实质性地参与创新设计和制造。该特点在拓展和聚集了公众创新资源的同时，也出现了创新程度平庸化（消费者创新程度不高）、创新目标交叉化（创新的审美目的和功能目的的交错）、创新周期快速化（产品更新周期加快）的趋势。3D 打印创新活动的特点呼唤知识产权制度向灵活化、快速化的方向发展，但是这与数百年来知识产权在权利体系不断固化、保护力度不断强化、保护时间不断延长的历史演进趋势是相矛盾的。知识产权制度需要改变传统的发展模式，反过来适应 3D 打印开放创新活动的需要。

专利制度徘徊在保护私人权利和促进社会公益之间，需要寻求一种动态的平衡。制度的制定和执行本身是有成本的，并且制度成本要小于所带来的效益才有存在的价值。发明专利（较之实用新型专利）之所以审查时间长、授权费用高，就是因为它技术含量大，创新性程度高，可带来的经济效用也高。因此，如果说某个发明创造可通过专利来保护，那么就应该有适合这种发明创造的专利制度，以充分发挥它的效益。但目前对于比实用新型专利的新颖性、创造性还要低的发明创造，我国的专利制度却无能为力。3D 打印技术的发展把这个问题推到了专利制度改革的前沿。3D 打印环境下公众的创新性程度不高，大多数情况下还不能达到实用新型专利的要求，但如果不提供知识产权的保护，又会不利于对公众创新活动的激励。在 3D 打印环境下，只有公众的普遍参与才能促进其行业的充分发展❶。因此，一方面，这种小发明改造的经济回报一时难以显现，发明人不会花费高昂的前期成本申请获得专利权，从而在经济层面阻碍了发明人申请和实施专利的积极性。另一方面，3D 打印下发明改进的效益要通过产品的流转体现出来，而现有的产品专利布局范围较宽，每一次产品流转都可能涉及侵权问题，客观上阻碍了技术发明的传播，阻碍了发明创造效益的发挥和创新程度的提高。

2. 权利主体的多元化与公共许可机制缺失之间的矛盾

由于社会公众的广泛参与，3D 打印产业在产品设计、制造方面出现显著的去中心化、民主化、分散化的趋势，众多的消费者均可能对于产品的设计、制造做出创造性的贡献，因此都可能主张对于设计成果享有完整或者部分的知识产权，达成知识产权许可的权利人和被许可人可能都是不特定的多数人。在开放设计方面，由于开源硬件等共享领域公共许可机制的缺失，使得产业发展会因为经济学上的"反公地悲剧"❷而遇到阻碍，虽然放松知识产权执法和管制可以解决部分问题，但又会影响知识产权本身的统一性和完整性。

3D 打印下开放共享社区的发展促进了产品信息的流转，但是现有的许可机制不适应对信息获取的要求。如果用户要了解与产品有关的信息主要通过订立合同来实现，局限于合同的相对性，用户只能获取与其有直接交易关系的其他用户的信息，如果想追溯其他用户对于产品的修改信息，必须通过订立许多合同才能实现。这种方式耗时长、成本高，操作性低，使得用户很难看到更多的产品信息。而在 3D 打印开放共享社区内，每个人都有权下载有关的产品设计文档，获取产品从设计、修改到打印全过程信息的成本变低。这对于知识的共享以及产品的不断改进大有裨益。然而，目前专利公共许可制度的

---

❶　参见蔡元臻："3D 打印冲击下专利间接侵权制度研究"，载《科技与法律》2014 第 1 期。

❷　Michael A. Heller, The Tragedy of Anti-commons: Property in the Transition From Marx to Markets, Harvard Law Review, 1998, 111 (3): 621-688.

缺失已不适应共享社区对信息获取的要求。

现有 3D 打印开放设计商业模式给版权制度带来的冲击，使得作品的利用方式完全偏离了版权法基于产业模式而设计的权利体系。3D 打印开放设计平台的勃兴，设计人员试图在不放弃设计成果的版权的前提下共享他们的设计，这与版权制度中权利排他性的基本价值相背离。❶ 由于公共许可模式的缺失，使得 3D 打印开放共享的产业模式难以形成并有效发展，有必要通过自律性和强制性的公共许可来加以解决。

3. 权利经济收益的分散化和知识产权制度成本相对升高之间的矛盾

在社会制造和定制服务领域，由于根据消费者需求实施的 3D 打印产品是个性化而非标准化的，甚至实施 3D 打印的主体也是消费者（例如私人复制和个人打印专利产品），因此受到知识产权保护的 3D 打印产品所产生的经济收益也是分散化的。虽然由于 3D 打印规模不断扩大，对于权利人所产生的利益影响也需要逐步显现，但是权利人或者管理机关通过主张和执行知识产权所花费的制度成本相对来说更高，在经济层面阻碍了实施知识产权的积极性，因此知识产权制度在实际运作层面的有效性将遇到更大的挑战。

例如，由于 3D 打印技术的发展使得产品制造和传播出现分散化、个人化和隐蔽化的趋势，如果 3D 打印的产品受到知识产权保护，将会引发较高的侵权风险。英国研究机构发布的报告指出，3D 打印带来的侵权风险增加将抑制对该领域产品研发和设计的投入，与此同时，还要协调知识产权保护加强与研发活动开放性、合作性之间的关系。❷ 现有知识产权保护制度主要是针对 3D 打印时代以前产业化产品制造的特点而制定，难以应对 3D 打印技术所带来的挑战。

产品设计图的获取存在便利化趋势。如前所述，获得产品设计

---

❶ 吴伟光："版权制度与新媒体技术之间的裂痕与弥补"，载《现代法学》2011 年第 3 期。

❷ Andrew Sissons, Spencer Thompson, Three Dimensional Policy Why Britain needs a policy framework for 3D printing, http：//www.biginnovationcentre.com, 2016-10-17.

CAD图的方式主要有两种，一种是通过CAD制作软件加工而成，另一种是通过3D扫描实物产品来获得。目前这两种方式均较为便利，也使得受到知识产权保护的产品转变为CAD图并进行网络传播的可能性明显增加。一旦使用者获得CAD图，在拥有3D打印机的情况下便可以以较低的经济成本自助式地制造该产品，或者在没有3D打印的情况下通过向Shapeways等公司提供CAD图并由其打印从而获得该产品。由于产品制造成本低且更便利，知识产权权利人在传统工业模式下通过抢先进入市场或者规模效应来获取竞争优势的方式不再有效。规模效应的消失将使得智力成果开发者更加依赖知识产权来获得利润，因为他们不能借助成本优势将竞争对手（哪怕是短期内）阻挡在市场竞争的范围之外。然而，3D打印产品开发的开放性又使得知识产权保护难度显著增加。开放创新虽然使得参与创新的主体范围扩张，但是侵权风险的增加使得高强度的研发投资积极性受到抑制。

个人消费者3D打印行为对于产品创作者的专利权利益会形成直接冲击，如同复印机对于版权人利益带来的威胁那样，尽管每个人付出的成本和造成的影响都较小，但是成千上万个使用者均如此制造，将产生实质性的损害。❶ 对于专利权人而言，由于个人行为远离其视线和控制，因此难以较低成本来制止侵权行为，更为现实的途径是根据间接侵权规则要求设计文档的上传者和网络服务提供商承担责任。

三、3D打印引发较高侵权风险

3D打印技术发展对知识产权制度所形成的最为明显的挑战莫过于引发了较高的知识产权侵权风险。3D打印具有以下特点，使得针对受到知识产权保护的3D打印产品实施侵权行为的风险较高。

第一，3D打印产品设计图容易被复制和传播。由于3D打印技术的普及化和简便化，导致产品的设计、制造行为的高度社会化，每

---

❶ ［美］保罗·戈斯汀：《著作权之道——从古登堡到数字点播机》，金海军译，北京大学出版社2008年版，第66页。

个社会成员均能全过程地充分参与，并通过网络随时加入到产品生产流程之中。❶ 该设计图均以数字文档形式存在，如同数字作品那样容易在互联网上的迅速、广泛地复制和传播。网络技术使得产品设计数字模型的传播更为便利，3D 打印则普及了产品制造行为，两者相互结合突破了产品快速推广的技术障碍。❷ 网络用户可以通过 3D 扫描等方式制作 CAD 产品设计图，公开上传到提供共享服务的网络平台，供其他使用者下载并进行 3D 打印制造。3D 打印所依赖的产品设计图在互联网上可以以几乎为零的成本自由传播，如同其他数字化作品一样在世界上任何角落被上传和下载。如果根据该设计图打印制造的产品受到知识产权保护，权利人也难以对其进行有效的控制。知识产权法的核心目标之一是促进智力成果信息的自由流动，但是 3D打印技术在实现该目标的同时，却让权利人对市场利益的控制变得更为薄弱。❸

第二，3D 打印的制造行为具有分散化、隐蔽化和个人化的特点。在 3D 打印环境下，由于家用 3D 打印设备的普及，个人化的社会制造将部分取代规模化的产业制造，如果得不到有效地规制则很可能演变为"全民侵权"。个人消费者通过网络下载专利产品的设计图，利用 3D 打印制造出所需的产品，却并未向专利权人支付智力成果的使用费，损害了其应有的利益。然而，专利权人在现有制度框架下进行维权，却面临法律和经济上的双重障碍：其一，非"以生产经营为目的"抗辩使得消费者 3D 打印产品的行为不构成侵权，不能要求其承担侵权责任；其二，普通消费者的 3D 打印行为难以被发现，并且经

---

❶ Jeroen P. J. de Jong, Erik de Bruijn, Innovation Lessons from 3D Printing, MIT Sloan Management Review, 2013, 54（2）: 43-53.

❷ 刘步青:"3D 打印技术的内在风险与政策法律规范"，载《科学·经济·社会》2013 年第 2 期。

❸ Sony Corporation of American v. Universal City Studios, Inc., 464 U. S. 417, 429（1984）.（stating that patent and copyright statutes have been amended repeatedly to balance "the interests of authors and inventors in the control and exploitation of their writings and discoveries on the one hand, and society's competing interest in the free flow of ideas, information, and commerce on the other hand…"）.

济收益的分散化与维权成本高昂化之间存在矛盾，使很多专利权人往往对诉讼维权望而却步。如同普通二维打印机出现以后，使得人们能够脱离任何人的视线或者控制，在众多的图书馆和办公室复制图书作品，每一份复制件的成本很低，但对权利人的威胁却是如此之高。❶ 3D 打印技术出现使得专利侵权也出现"版权化"倾向，权利人无法有效地控制产品的制造、使用、销售和许诺销售行为。❷

例如，3D 打印可以让消费者更容易获得附加商标的商品，如果其未经商标权人的许可自行打印，则会损害其市场利益并可能构成商标侵权。比如，由于"apple"商标本身就是商品外形的组成部分，因此 3D 打印的"apple"手机一般都会带有"apple"标识，若未经"apple"商标权人的许可就极可能构成侵权。除此以外，在 3D 打印"apple"手机后印上"nokia"的商标，则属于反向假冒的商标侵权行为。随着商标的构成要素从平面拓展到立体，3D 打印侵犯商标权的机会也会增加。在美国，还有海盗湾（Piracy Bay）等网站专门（未经许可）提供 3D 打印产品设计图。而创作者在网络公开其产品设计以后，将很难发现个人使用者的 3D 打印行为，不利于其有效地查找仿冒者并进行权益保护。

小　　结

3D 打印技术对知识产权制度产生影响的程度，可能还不及互联网对著作权制度产生的影响。毕竟 3D 打印需要价格较高的打印机，其成本比在互联网上进行作品的下载及传播成本要高得多，要进入千家万户并得到普及尚需时日，因此"一向以坚决捍卫知识产权而出名

---

❶ 参见［美］保罗·戈斯汀：《著作权之道——从古登堡到数字点播机》，金海军译，北京大学出版社 2008 年版，第 66 页。

❷ 参见蔡元臻："3D 打印冲击下专利间接侵权制度研究"，载《科技与法律》2014 第 1 期。

的大公司尚未感受到未经授权的 3D 复制品对其公司利益的影响"❶。但是，这并不妨碍我们进行前瞻性的研究。在可以预见的将来，3D打印必然会对知识产权形成有力的挑战。有必要对此进行设想和应对，以利于抓住 3D 打印产业发展的良好机遇，并主动地迎接 3D 打印时代技术革命的到来。

---

❶ ［美］胡迪·利普森、梅尔芭·库曼：《3D 打印：从理想到现实》，赛迪研究院专家组译，中信出版社 2013 年版，第 240 页。

第二篇 3D 打印专利法问题

第三章

3D 打印背景下的专利制度变革

一、专利制度应对 3D 打印的不足

（一）产品发明获权的制度成本较高

首先，发明和实用新型专利对发明创造的要求较高。其一，只保护纯功能性设计。在 3D 打印产品设计中，纯功能性设计要求具有较高的专业技能，因此所占比例较少，大部分是功能性与审美性相结合且难以区分的设计。其二，授权标准较高。发明和实用新型的创造性要求其具有（突出的）实质性特点和（显著的）进步，对技术创新程度要求比较高。依据国家知识产权局《专利审查指南》，"实质性特点"要求该技术方案是显而易见的，而"显著的进步"要求具有有益的技术效果。针对 3D 打印消费者进行的创新而言，这种标准是难以达到的。其三，专利申请审批程序较为冗长烦琐。专利授权要经过申请、公布、审查、授权等多个环节，时间耗费短则几个月，长则数年；申请费、实质审查费、年费等各种费用也都比较高；专利申请文件的内容和形式有法定要求，必须严格按照规范撰写。而 3D 打印共享社区内的发明创造大多是小发明、小改进，经济效益比较低，而且更新周期快，只在一段时间内受到消费者的追捧，按照现行程序申请并授权很可能会错过市场开拓时机。从专利制度的成本收益角度来说，3D 打印产品设计者难于以较低的前期投入获得超额的独占性市场利益。

其次，外观设计专利存在错位。其一，从该专利类型的字面意义来看，其保护的产品设计限于"外观"，意味着产品设计需要能从外部观察得到，而 3D 打印技术恰能克服技术门槛，制造内部结构复杂而难以用传统模具制造的新型产品，这恰恰不属于外观设计保护的范围。其二，外观设计保护具有审美意义的产品设计，而 3D 打印产品是纯功能性或者审美性与功能性不可分割的，难以达到美观要求。外观设计专利的定位不准，将其纳入专利法使其丧失了区别于发明和实用新型的独立地位。专利法过多强调产品设计的技术性，使得很多设计者误以为其与专利无关，实质上得不到任何保护。此外，我国专利法在 2008 年修改之后，也要求"授予专利权的外观设计与现有设计或者现有设计特征的组合相比，应当具有明显区别"，这相当于对外观设计提出了类似"创造性"的要求。而共享社区内的产品发明大多数是普通消费者在他人发明的基础上改进而来的，创新程度往往比较低，而达不到外观设计专利的授权条件。

（二）专利权人实施义务缺失

首先，专利的授权与行使并不以权利人已实施该技术作为前提条件。世界贸易组织《与贸易有关的知识产权协定》（TRIPS 协定）对于专利授权的要求中并无实施义务，而我国的专利强制许可由于颁发程序烦琐而从未使用过。美国、德国等国家更未对权利人的实施义务进行过规定。就传统技术而言，由于其投资成本较高，专利权人对其获益的依赖性较强，加之商业环境和推广时机的不确定性，施加过强的实施义务将阻碍发明创造的积极性。然而，制造商也因此面临较高的专利侵权风险，不得不在预防专利风险和应对专利诉讼上耗费更多的资源。❶ 在 3D 打印环境下，社会公众参与产品开发的可能性激增，获取专利的机会和数量也随之提高，专利权对于产品制造活动带来的法律阻碍作用将成倍增长。3D 打印技术创新产生的效益将可能完全

---

❶ Gideon Parchomovsky, Michael Mattioli, Partial Patents, Columbia Law Review, 2011, 111（2）: 207-253.

被专利的制度成本所抵消，不利于产业发展。

其次，不实施专利的权利人更有可能实施专利权滥用行为。部分专利权人作为非实施主体（Non-practicing Entities，NPEs），通常并不生产专利产品，而只是通过收取许可费获得经济利益。还有部分专利权人即使从事实际的商业活动，被告也可能与其不存在直接的竞争关系。❶ 这会产生两方面的后果：在商业效果上，使得专利权人处于更为有利的谈判地位，因为对方已经为实施专利技术投入了沉淀成本，若构成侵权会遭受较大损失；在法律后果上，也使得法院更有可能认定只需判令被告支付许可费就能够为权利人提供足够的救济，而不必颁发禁止令。

最后，专利权人不实施专利技术却禁止他人实施，将阻碍社会生产的发展。随着创新活动的复杂化和集成化，为了整合发明资源、分担成本并降低风险，产品的创新主体和知识产权的权利主体会相应地增多。当多个权利人均对产品制造及收益分配提出独占性的权利要求时，将出现前述的"反公地悲剧"❷，使得 3D 打印产品制造者"不得花费更多精力才能在越来越复杂的专利权利要求中搜寻并获得许可"❸。产品设计的实施效率将受到抑制，也降低了技术创新的速度。在此情况下通过设定专利权人的实施义务来缓和制度成本将是有效的选择。

二、专利制度变革的路径与措施

（一）专利制度变革的路径选择

针对 3D 打印带来的专利制度变革的需求，学界提出了两种改革

---

❶　Mark A. Lemley，Carl Shapiro，Patent Holdup and Royalty Stacking. Texas Law Review，2007（4）：1991-2049.

❷　Michael A. Heller，Rebecca S. Eisenberg，Can Patents Deter Innovation? The Anti-commons in Biomedical Research，Science，1998，280（5）：698-701.

❸　Robert R. Merges，A Transactional View of Property Rights，AIPLA Quarterly Journal，2005，30（1）：317-363.

路径。一种是维持现有的专利授权门槛并强化专利保护力度，以应对日益增加的侵权风险。具体措施包括：仿照美国专利法，取消"生产经营为目的"作为专利侵权的要件，使消费者的私人制造行为也受到限制。然而，这种变革取向实质上依循了传统创新领域专利产品发明的特点，将其付诸实施有可能与 3D 打印技术推广和产业发展的目标相冲突。另一种路径则主张降低专利的授权门槛，同时强化专利权人的法律义务。该观点认为，有必要"使得知识产权法体系更偏向于小企业和个人发明家"❶，满足经济实力较弱的 3D 打印开放创新主体的专利保护需求，对其权益予以充分尊重。由此，需要直面 3D 打印开放创新弱化了独占性权利的现实，防止过度加强专利权保护导致其走向限制技术传播的反面。因此，在合理范围内限制专利权的权能，向专利技术使用者提供明确而合理的预期，更有利于促进创新成果的有效流转。

在 3D 打印环境下，作为产品设计创作主体的小微企业亟需获得专利保护，然而传统的专利保护模式却难以适应其特殊需求。其一，小微发明者资金实力较弱，前期高昂的专利申请费用对其是一个不小的压力，他们更希望尽早将发明创造应用于商业领域以获得收益；其二，小微发明者的技术研发投入也比较少，其所产生的发明很大程度上达不到现行专利法的授权标准；其三，小微发明者在专利诉讼中往往承受着大企业在资金和技术等方面的多重压力，若没有专利作为谈判筹码，会屈服于对方提出的苛刻许可条件。因此，前述第二种路径更能体现 3D 打印的技术特点，也能使得参与 3D 打印开放创新的各类主体获得更为平等的法律地位和赢利机会。

循此思路，康奈尔大学的霍德·利普森（Hod Lipson）、宾夕法尼亚州立大学的基德恩·帕科莫夫斯基（Gideon Parchomovsky）和迈克尔·马蒂奥利（Michael Mattioli）等学者提出的对专利制度进

---

❶ 参见［美］胡迪·利普森、梅尔芭·库曼：《3D 打印：从理想到现实》，赛迪研究院专家组译，中信出版社 2013 年版，第 253-255 页。

行变革的建议——增加新的专利类型，包括"微专利"（Micro-Patents）❶、"准专利"（Quasi-Patents）和"半专利"（Semi-Patents）❷，可以作为该专利改革路径的有力支撑。其中，利普森教授明确建议提高专利制度的灵活度❸，以适应 3D 打印环境下小的产品发明和改进的专利权保护。

鉴于我国专利制度的现状，在制度变革的对象上有两种方式可供选择。第一种是对发明和实用新型专利制度进行全面的改革，以下所提建议也是同时针对两者所提出来的；第二种是仅对其中更为适用于3D 打印的实用新型专利制度加以改造，使之能够更有针对性地保护3D 打印产品发明，避免触及更为适合传统产品研发的发明专利制度，以减少制度变革的阻力。

（二）专利授权机制的灵活化

有必要提高专利授权机制的灵活性，目标是为 3D 打印领域的产品发明提供有效的专利保护。为此，可以在以下几方面加以完善。

首先，在保护对象方面，应当拓展至功能性和审美性相结合的产品设计，只要该设计不是其所属领域的常规设计即可。而 3D 打印领域的产品设计在很大程度上具有该特点，因此有必要借助该技术发展的契机突破传统专利制度囿于保护功能性技术特征的窠臼，将兼具功能性与审美性的设计特点也纳入其保护范围。如果产品设计的某些特点具有审美意义，可以作为其具有专利创造性的辅助判断标准加以参考，以提高 3D 打印产品设计获得专利保护的可能性。目前，我国专利法及专利审查指南在判定专利创造性时，只考虑技术因素，其少量涉及商业成功等外围因素，而对于兼具技术与审美特点

---

❶ 参见［美］胡迪·利普森、梅尔芭·库曼：《3D 打印：从理想到现实》，赛迪研究院专家组译，中信出版社 2013 年版，第 253-255 页。

❷ Gideon Parchomovsky, Michael Mattioli, Partial Patents, Columbia Law Review, 2011, 111 (2): 207-253.

❸ 参见［美］胡迪·利普森、梅尔芭·库曼：《3D 打印：从理想到现实》，赛迪研究院专家组译，中信出版社 2013 年版，第 253-255 页。

的创新点并未突出考虑。因此，有必要针对 3D 打印产品设计在此方面加以改进。

其次，从授权程序角度来说，要吸收著作权制度的便利之处。著作权的优势是权利取得较为简便，能够基于作品的创作而自动产生。利普森教授对于专利制度的构想是，获取权利时"只需要几百美元，一个发明者就能将描述发明的文件提交中央政府微专利局，提交的文件将会在很短的时间内标记然后迅速公之于众。"❶ 如此，只要发明人提交了专利的申请书和说明书，不需要经过审查，就会立即公布授予专利权。其授权方式将与著作权几乎没有区别，只需要履行一个最低限度的登记程序要求，提交申请文件和缴纳少量费用即可。与此同时，专利制度的基本权利内容仍然保持不变，即能够规制根据产品设计图制造实物产品的行为。

再次，就获权周期和费用来说，要降低专利申请费用，适当缩短专利授权的审批时间。3D 打印下开放共享社区内的发明改进创新性程度不高，即便是进行商业性应用，其所带来的效益也不会很高。另外，共享社区内的发明创造多为在他人发明的基础上改进而来的，只是为了满足消费者的小需求，这就注定了其只在一定时期内流行，过后就失去商业价值。因此，专利授权周期应当缩短至最低限度，并且授权费用要降至象征性的收费，以激励产品设计者更多地寻求专利保护。

最后，在专利申请文件中，对于说明书附图的文件形式要求也可以灵活化。考虑一方面 3D 打印产品设计主要体现为 CAD 设计图，另一方面目前已经普及了专利的电子申请，因此不必要求说明书附图仅限于书面的二维制图，应当允许以 CAD 设计图电子文件的形式提交。由此，不仅专利申请文件的提交更为简便，而且可以更为清晰地反映产品的内在构造。

---

❶ 参见［美］胡迪·利普森、梅尔芭·库曼：《3D 打印：从理想到现实》，赛迪研究院专家组译，中信出版社 2013 年版，第 253-255 页。

（三）强化专利权人的法定义务

1. 专利实施义务

利普森教授提出，针对3D打印产品设计授予的专利权只能用来保护已经进行商业性应用的产品，权利人必须实施专利以确保其有效。他认为，如果发明创造不应用于商业领域，专利制度就失去了其必要性。由此，可以有效地防止不合理地扩大行使专利权的适用范围，并抑制单纯为限制竞争对手而申请的专利。尽管创作者只要提出专利申请即获得授权，但是只有在发生争议并且是在两个商业性的实体之间产生争议时，才会对其是否符合法定授权要求进行评估审查。❶因此，政府需要支付的审查与管理成本较低。实际上，即使在美国也只有1‰的专利经过了专利诉讼，其余绝大多数专利并无实际的法律和商业效果，造成了资源浪费。❷此外，由于非商业性实体使用该发明创造不需要承担侵权责任，因而会大幅地提升知识共享的程度，促进信息的传播和交流，提高社会创新的效率。商业性使用的义务可以防止专利成为纯粹的竞争工具，避免出现大量的"外围专利"或"垃圾专利"，使其保护真实的发明创造。

2. 信息披露义务

为了强化3D打印产品专利权人的技术贡献义务，为开放性产品设计提供信息保障，发明人必须同意公开有关发明的全部研究信息，包括积极和消极的研究信息。如果不同意披露，将会导致专利权无效。现有专利制度对技术方案的公开程度要求不高，达到使所属领域的普通技术人员能够根据说明书实现即可。从信息公开的角度来看，这种程度是不够的。有必要公开所有的相关信息，包括失败的研究信息以及最佳和其他的实施方案。

强调信息公开的主要原因是商业主体可能会故意隐瞒一些重要的

---

❶　参见［美］胡迪·利普森、梅尔芭·库曼：《3D打印：从理想到现实》，赛迪研究院专家组译，中信出版社2013年版，第253-255页。

❷　参见［美］胡迪·利普森、梅尔芭·库曼：《3D打印：从理想到现实》，赛迪研究院专家组译，中信出版社2013年版，第253-255页。

研究信息，或者故意公开某些迷惑性的信息干扰竞争对手，使其在信息研究方面浪费大量的资源。这固然可能提高单个主体的相对竞争力，但对于整个社会创新而言是不利的。❶ 在 3D 打印环境下，这种情况可能会愈演愈烈。尽管开放共享社区参与者必须公开自己对于CAD 文档及其产品的改进信息，但由于公共许可机制及其执行手段的缺乏，某些社区人员可能会基于各种理由而故意隐瞒。通过要求知识信息的完全公开，可减少重复研究的风险，极大地降低研发的成本，提高了社会创新的速度。此外，如果发明人策略性地采用"选择性披露"，可以对此施加惩罚性措施，比如，宣告其失去专利权的保护，甚至还可以考虑增加金钱惩罚。

三、专利制度变革中的利益平衡

在专利制度变革框架下，需要探寻专利权人与其他开发者、使用者之间新的利益平衡机制，并做出如下的制度构建。

（一）维护专利权人对后续成果的权益

如果发明人选择微专利保护，那么该发明后续的"从属发明"或"改造发明"也必须采用此类专利来保护，以此形成相互回授权利的网络，来扩大制度的适用范围，提高发明人的积极性。❷ 这种制度设计能够适应 3D 打印下"改进型"发明创造的特点，有利于在共享社区内迅速形成规模化的专利权。不少 3D 打印开源共享社区都建立了专利权的许可和限制机制，其实施效果是测试该制度的良好试验田。共享社区成员通过接受公共许可协议的方式放弃寻求严格的专利保护，因此也有可能接受新的专利制度。

---

❶ Rebecca S. Eisenberg, Arti K. Rai, Harnessing and Sharing the Benefits of State-Sponsored Research: Intellectual Property Rights and Data Sharing in California's Stem Cell Initiative, Berkeley Technology Law Journal, 2006, 21 (3): 1187-1189.

❷ Rebecca S. Eisenberg, Reaching Through the Genome// F. Scott Kieff, Perspectives on Properties of the Human Genome Project, Lightning Source Inc. , 2003: 225.

（二）限制非竞争对手的侵权责任

为了防止 3D 打印产品设计实施者承担过高的侵权风险，专利权人将只能禁止其直接竞争对手生产、使用、销售专利产品，并提起侵权诉讼，而不能对抗其他任何人。● 其他权利内容则与传统专利权一样。

根据基德恩·帕科莫夫斯基教授等对现行专利侵权制度的分析，认为限制侵权责任是有必要的。在 3D 打印专利侵权诉讼中，权利人要证明被告侵权只需要有"优势证据"即可，而被控侵权人则必须提供足够清晰和令人信服的证据，才能够证明自己没有侵权或专利无效。两者的证明责任不同，客观上对专利权人较为有利，使其更加倾向于提起侵权诉讼。侵权诉讼的大量增加，使得许多公司不得不花费高昂的成本去应诉，客观上影响了对于研发和创新的投入。更重要的是，许多小公司根本承受不起这样的指控，再加上漫长的诉讼时间，使得专利侵权纠纷对其而言成为灾难性的负担。● 小企业的发明创新很容易落入别人的专利保护范围，专利制度促进社会科技进步的作用将难以得到充分发挥。

限制专利权禁止的主体范围，能够使发明创新为更多的人所使用，尤其是非直接竞争对手。在 3D 打印开放创新领域，开源社区中的很多参与者并非产品创作者的同行竞争对手，而是受其产品设计的启示将其应用到了其他领域。在新的专利规则下，他们可以自由地加以利用。这既没有给专利权人带来损失，因为其并不期望通过其他领域的实施来获利，同时又促进了技术的应用。由于专利权人的直接竞争对手仍然属于侵权主体的范围，权利人的预期收益不会受到严重减损，确保了其获得合理的回报。该制度安排，促进了新技术的快速应

● Gideon Parchomovsky, Michael Mattioli, Partial Patents. Columbia Law Review, 2011, 111 (2): 207-253.

● Cf. Jean O. Lanjouw, Mark Schankerman, Enforcement of Patent Rights in the United States//Patents in the Knowledge-Based Economy, The National Academies Press, 2003: 159.

用和普及，提高了社会的整体创新程度。❶

当然，限制非竞争对手的侵权责任也会存在一些挑战，其中最重要的问题是如何界定被告的经营范围。对此，可以借鉴反垄断法关于相关产品和服务市场的定义来解决。实际上，相对复杂的规则虽然可能会导致解决单件专利纠纷案件的司法成本高于原有机制，但由于减少了诉讼的数量，总体来说将降低纠纷解决的社会成本。

（三）限制保护范围和期限

在保护范围方面，有必要防止专利覆盖的范围过于宽泛，阻碍开源社区的产品创新。因此，在判断侵权时原则上将仅限于字面侵权，而不得适用等同原则。❷ 由此，可以为其他开源产品设计者保留足够的创作空间，而不必过多地担心侵犯他人的专利权。

在保护期限方面可以适当地加以限制。考虑 3D 打印产品市场周期较短，并且审查授权时间也得到压缩，因此并无必要给予其过长时间的保护，给予 3 至 5 年保护期即可。

小　　结

我国目前的专利制度主要针对传统的技术发展特点而构建，在 3D 打印时代存在制度上的缺失与错位。因此，有必要改变现行的专利制度授权标准过严、成本过高、申请时间过长等弊端，以适应 3D 打印下创新活动灵活化、开放化、民主化的特点。通过专利制度的变革，可以促进 3D 打印开放共享社区的活力，激发其创新积极性，同

---

❶　例如，耐克公司有一种环保型橡胶处理的专利技术，在传统的专利体制下，不属于竞争对手的牙刷厂也不能使用这种技术，因为商业性的实施会构成侵权。然而在改革后的专利制度下，由于牙刷厂与耐克公司没有直接竞争关系，耐克公司也并不是依靠牙刷来获利的，在这种情况下，该环保橡胶就可以被牙刷厂商家所使用。这既没有给耐克公司带来损失，同时又促进了技术的应用。参见 Gideon Parchomovsky, Michael Mattioli, Partial Patents, Columbia Law Review, 2011, 111 (2): 207-253.

❷　参见崔国斌：《专利法——原理与案例》，北京大学出版社 2012 年版，第 589 页。

时推动发明信息的传播和应用，提高整个社会的创新能力。可以说，以上专利制度的变革不但适应了 3D 打印环境下发明创造的特点，实现了专利保护规范性和灵活性的协调统一，还有利于 3D 打印产业的持续发展。

第四章

3D 打印专利间接侵权问题

当前的专利制度主要是基于工业化时代产品制造特点而制定的，因此并未考虑 3D 打印对于专利侵权制度的冲击。2016 年 3 月颁布的《最高人民法院关于审理侵犯专利权纠纷案件应用法律若干问题的解释（二）》（以下简称《司法解释二》）进一步明确了专利间接侵权规则。❶ 国务院法制办 2016 年 12 月公布的《专利法修订草案（送审稿）》（以下简称《送审稿》）第 63 条针对网络专利间接侵权行为作出了规定，对于利用互联网传播 3D 打印专利产品设计图的行为可以予以规制。❷ 考虑《送审稿》的主要背景是由于电子商务的迅猛发展，未涵涉 3D 打印的特点，因此仍有必要对其规则的适用予以澄

---

❶ 根据该司法解释第 21 条，明知有关产品系专门用于实施专利的材料、设备、零部件、中间物等，未经专利权人许可，为生产经营目的将该产品提供给他人实施了侵犯专利权的行为，权利人主张该提供者的行为属于《侵权责任法》第 9 条规定的帮助他人实施侵权行为的，人民法院应予支持；明知有关产品、方法被授予专利权，未经专利权人许可，为生产经营目的积极诱导他人实施了侵犯专利权的行为，权利人主张该诱导者的行为属于《侵权责任法》第 9 条规定的教唆他人实施侵权行为的，人民法院应予支持。

❷ 根据该送审稿第 63 条，网络服务提供者知道或者应当知道网络用户利用其提供的网络服务侵犯专利权，但未及时采取删除、屏蔽、断开侵权产品链接等必要措施予以制止的，应当与该网络用户承担连带责任；专利权人或者利害关系人有证据证明网络用户利用网络服务侵犯其专利权的，可以通知网络服务提供者采取前款所述必要措施予以制止。网络服务提供者接到合格有效的通知后未及时采取必要措施的，对损害的扩大部分与该网络用户承担连带责任；专利行政部门认定网络用户利用网络服务侵犯专利权的，应当通知网络服务提供者采取必要措施予以制止，网络服务提供者未及时采取必要措施的，对损害的扩大部分与该网络用户承担连带责任。

清，并在某些方面加以完善，以应对该技术对利益格局所带来的显著挑战。❶

一、3D 打印专利间接侵权构建的必要性

（一）个人非营利 3D 打印不构成直接侵权

为个人非营利使用提供的侵权豁免一直是知识产权制度中重要的利益平衡机制。从广义上来说，我国专利法对于侵权行为的"生产经营目的"要件、著作权法上的合理使用制度和商标法对于侵权行为属于商业行为的要求，都属于对个人非营利使用行为的例外规定。即使对于美国而言，虽然其专利法没有将非营利使用作为侵权例外加以规定，但是也通过判例将"个人爱好"等非营利用途排除在侵权范围以外。❷ 在知识产权产品制造的技术和经济门槛较高的情况下，个人制造产品的能力存在障碍，不会形成有效的生产能力，对于权利人利益的影响可以忽略不计。

3D 打印环境下，侵权风险的增加使得利益主体之间的平衡关系遭到打破。《与贸易有关的知识产权协定》第 13 条、第 30 条规定的三步检验法和第 17 条规定的豁免制度要求，世界贸易组织成员在立法中规定的权利限制制度必须限于例外情形，并且不得不合理地损害权利人的合法权益和妨碍权利的正常行使。我国《专利法》第 11 条规定的"生产经营目的"侵权要件，《著作权》第 22 条等规定的合理使用与法定许可制度，《商标法》第 48 条规定的商业使用要求，均是对个人非商业使用提供的侵权豁免。在 3D 打印技术出现以前，由于个人制造受知识产权保护产品（尤其是专利产品）的可能性极低，因此未经许可的实施行为确实处于例外状况，也不会显著地影响创作者

---

❶　在国务院法制办公布的《关于〈专利法修订草案（送审稿）〉的说明》中表示，该条立法背景是"随着互联网技术的高速发展、电子商务规模的不断扩大，网络环境下侵犯专利权的行为也越来越多，对专利权人合法权益以及市场秩序造成极大冲击和影响"。

❷　Poppenhusen v. Falke, 19F. Cas. 1048（S. D. N. Y. 1861）.

的正常市场利益。对于个人非营利使用行为例外而言，是可以通过"三步检验法"的检验的。然而，3D 打印技术的普及和推广使得个人制造产品的技术和经济门槛被实质性地消除了，因此其制造行为也将不可避免地对创作者的利益造成显著的负面影响。《与贸易有关的知识产权协定》上述条款所设置的利益平衡点将严重地偏向于使用者，因此 WTO 成员的国内立法也将不能固守原有的豁免制度，否则可能会面临违反知识产权国际义务的风险。

在此情况下，如果仍然坚持将经营目的作为侵权行为的主观要件将不合时宜。就上述"三步检验法"而言，第一步中限于"例外"情形的要求就难以成立。因此，有必要对个人非营利使用的侵权豁免给予限制或者取消。值得注意的是，对于"生产经营目的"要件的撤销具有更进一步的法律意义。这不仅可以解决 3D 打印实施者与专利权人的冲突，而且还可以为认定专利间接侵权提供法律基础。对于 3D 打印模型文档的传播者和共享该文档的网络经营者，由于其并未实施专利技术，因此不存在构成直接侵权问题。但是他们可能是 3D 打印模型文档传播的实际受益者，专利权人可能更愿意追究他们而非个人3D 打印者的侵权责任。根据其他国家的立法惯例，如果不存在直接侵权行为，间接侵权行为将很难得到追究。因此，如果将个人 3D 打印专利产品（尤其是恶意情形）界定为侵权行为，则有助于权利人通过主张间接侵权责任等方式维护其市场利益。

（二）"守门人"保护机制的困境与发展

3D 打印技术对专利侵权制度的冲击使得传统的"守门人"保护机制存在失效的可能。"守门人"理论最早是由社会心理学家库尔特·勒温（Kurt Lewin）提出的。该理论认为，信息传播是通过守门人进行的，只有符合一定规范或价值标准的信息才能被传播给听众，尤其指新闻媒体在从消息来源获得大量资讯后经编辑筛选、删减的过程。其实，守门人理论可以被广泛地运用于生活的各个方面。具体到专利领域，守门人是指负责专利产品的生产者和销售商，专利权人依靠他们得以控制专利产品的生产、销售、许诺销售行为，使专利的开发成本和预期收益得以分担给每一个产品消费者。

但是，3D 打印技术的发展使得守门人理论面临重大挑战，因为其保护机制运作的前提在于实施产品制造行为对守门人专业性的依赖，假定并非任何人都可以胜任。❶ 然而，3D 打印技术使普通消费者同时具有产品的制造者、提供者和使用者三维面向，实现了生产与使用的"自给自足"，专利产品生产者和销售商的守门人地位面临瓦解。因此，通过专利间接侵权制度，赋予产品设计图提供者和网络服务提供商以"守门人"的角色，调整"守门"行为实施的途径和方式，以实现该理论在 3D 打印领域的创新与发展。

目前，针对知识产权的直接侵权和间接侵权行为均要求承担相应的责任，但是由于在立法规制对象上存在偏差，使得侵权行为模式的规定有缺失，围绕 3D 打印建立的侵权责任体系不能有效地保护权利人的合法权益。美国学者丹尼尔·哈里斯·布里恩（Daniel Harris Brean）就认为，现有的知识产权法（尤其是专利）使得专利权人在应对大规模侵权行为时实际上非常无助❷，得不到有效保护。因此，重新审视并认定需要承担责任的"守门人"就显得十分重要。

（三）《送审稿》第 63 之审视与检讨

目前，专利法正在经历第四次修改，其中一项重要的制度突破是增加网络环境下的专利间接侵权制度。根据《送审稿》第 63 条的规定，网络服务提供者在知道或者应当知道用户利用其网站实施专利侵权行为，或者在专利权人及专利行政部门通知其制止侵权行为时，如果不采取有效措施加以避免，则需要对专利权人所受损害或者扩大部分的损害承担侵权责任。由于行为人通过互联网提供 3D 打印设计图的行为本身极有可能诱发他人通过 3D 打印制造专利产品，因此可以

---

❶　参见梅夏英、姜福晓："数字网络环境中著作权实现的困境与出路——基于 P2P 技术背景下美国音乐产业的实证分析"，载《北方法学》2014 年第 2 期。

❷　Daniel Harris Brean, Asserting Patents to Combat Infringement via 3D Printing: It's No "Use", Fordham Intellectual Property Media & Entertainment Law Journal, 2013, 23（2）：771-814.

利用该规定所建立的间接侵权制度对于此行为予以规制，同时考虑3D 打印产品设计图传播行为的特殊性。

二、产品设计图提供者的间接侵权责任

（一）提供产品设计图构成间接侵权

产品设计文档制作技术的发展推动了 3D 打印的普及，使得设计图成为该领域产品创新的核心要素。同时，产品设计图也是消费者3D 打印制造产品的必备条件，并且与产品之间存在一一对应的关系。然而，网络用户未经专利权人许可提供产品设计图供使用者下载，并不构成直接侵权。第一，由于产品设计图并不等同于产品本身，因此3D 扫描、制作、上传产品设计图的行为并不属于对专利产品的制造。根据国家知识产权局 2016 年 5 月颁布的《专利侵权行为认定（指南）》，设计专利产品的行为不属于专利侵权行为。诚然，专利权人也有可能获得 3D 打印该专利产品步骤构成的方法专利，但是产品设计图的提供行为并不属于方法专利步骤的构成要素。并且，即使提供产品设计图构成 3D 打印方法专利的步骤，但是传统上对方法专利的步骤并不认为属于产品的"零部件"，❶ 在制造、销售专利产品零部件本身尚不构成直接侵权的情况下，提供设计图的行为也不构成直接侵权。第二，提供产品设计图的行为并不属于专利产品的使用、许诺销售或销售行为，因为实施此类行为需以受到专利保护的产品已实际制造出来为前提。由此，产品设计图提供者的行为不构成直接侵权，专利权人有赖于间接侵权规则提供更为有力的保护。

由于认定直接侵权缺乏法律依据，因此要求产品设计图提供者承担间接侵权责任将是替代性的维权选择。《侵权责任法》第 9 条第 1款规定：教唆、帮助他人实施侵权行为的，应当与行为人承担连带责任。这是间接侵权制度在立法层面的具体体现，它从客观方面区分了

---

❶ Cardiac Pacemakers, Inc. v. St. Jude Med. Inc., 576 F. 3d 1348. 1364 (Fed. Cir. 2009).

间接侵权的种类：教唆行为和帮助行为。结合 3D 打印产品制造的特点，产品设计图提供者所实施的专利间接侵权行为可以分为帮助型侵权和引诱型侵权。

（二）帮助型间接侵权——制造专利产品的"关键要素"

专利间接侵权行为主要表现为未经专利权人许可，向无权实施专利的人许诺销售或销售"与发明的关键要素有关的手段"[1]，《司法解释二》将其界定为"专门用于实施专利的材料、设备、零部件、中间物"。概言之，关键零部件是帮助型侵权认定的核心。在 3D 打印中，产品设计图制作者为他人提供数字文档形式的产品设计图，是否具备该"关键零部件"的属性将成为其能否构成间接侵权的关键，对此存在较大争议。

1. 关键零部件并不限于有形的实物产品

德国联邦高级法院认为，《德国专利法》第 9 条规定的间接侵权中的"手段"应当是具有物理形态的实物产品，指导如何制造专利产品的指南不构成"手段"[2]。但是，杜塞尔多夫地区法院则认为数字化的数据可以被认为是间接侵权行为的对象。[3] 在英国，2002 年的计算机软件案中，涉案专利是一套赌博游艺系统，包括一台主机、终端计算机、通信手段和一套运行终端计算机的计算机软件。[4] 用户可以通过购买 CD 光盘或者从互联网下载软件，用以运转这套设备进行赌博。上诉法院认为通过 CD 光盘传播的软件构成"与发明的关键要素有关的手段"，甚至隐含地认为利用互联网上传以供下载的软件也构成间接侵权。采用目的论来解释似乎能得到这样的结论：由于互联网的广泛应用，数字文档可以方便地获得和下载，立法者应当具有涵盖

---

[1]　参见范长军：《德国专利法研究》，科学出版社 2010 年版，第 114-117 页。

[2]　BGH GRUR 2001，228，231-Luftheizgerät

[3]　Benkard，G.（Ed）.（2006）. Patentgesetz，10th ed.

[4]　Menashe Business Mercantile Ltd v. William Hill Organization Ltd.［2002］EWCA Civ 1702，［2003］1 All ER 279，［2003］1 WLR 1462，［2003］RPC 31（28 November 2002）.

互联网传播和销售的意图。产品设计图披露了专利权利要求的技术内容，它可以被认为是一种间接侵权理论下的专利产品的制造说明。❶因此，从国外的司法经验来看，关键零部件并非仅限于实物产品，应当拓展至数字文档。换言之，尽管产品设计图作为数字文档不具备物理形态，但并不会成为认定构成关键零部件的障碍。

2. 关键零部件要专门用于实现专利产品技术效果

一方面，关键零部件要能够帮助第三方实现专利技术效果。❷ 英格兰和威尔士上诉法院对此给出了指引：使发明实现技术效果等同于让其构成《英国专利法》第60条第1款规定的侵权状态；《德国专利法》要求使得第三方能够对发明进行使用并且落在专利保护范围之内，则构成直接侵权行为。在3D打印领域，产品设计图不仅是一个物理产品的数字形式或者制造该产品的说明；事实上它会直接帮助最终用户3D打印出专利产品并实现技术效果。另一方面，关键零部件不具备"实质性非侵权用途"。通常而言，间接侵权的对象仅限于专用品，而非普通商品。根据所谓技术中立原则，辅助性技术或产品在专利侵权问题上处于中立地位，虽然该技术具有引发侵权行为的可能性，但是如果并不必然会产生侵权行为，则不应被认定为间接侵权行为的对象。该原则又被称为"实质性非侵权用途原则"或者"普通商品原则"。❸ 因此，如果行为人所销售或者提供的产品同时具有合法和非法用途，即可以被合理地用于非侵权目的，则该产品处于中立地位，提供者不必承担间接侵权责任。❹ 专用品是指仅可被用于实施专

---

❶ D'Elia, Salvatore, Replicant: 3D Printing and the Need for a Digital Millennium Patent Act, Law School Student Scholarship (Paper 457), 2014: 1-31.

❷ 《美国专利法》第271条原文是"To put the invention into effect"。

❸ 梁志文："云计算、技术中立与版权责任"，载《法学》2011年第3期。

❹ 美国专利法第271条（c）款将此类产品排除在帮助性侵权的范围以外，以此防止通过专利权控制普通商品或者实质性非侵权产品的制造和流通。这意味着除非产品提供者构成引诱侵权，否则不必承担责任。在版权领域，美国1984年索尼案认为制造商提供的录像机可用于合理使用用途（如转换电视节目时间等），并且与用户之间除产品销售以外并无其他意思联络（意味着其并不知晓用户实际用途，也不存在引诱、教唆意图），因此符合普通商品原则的适用条件，不构成侵权。

利的关键零部件，不应具有"实质性非侵权用途"。对于 3D 打印设计图而言，除了用于 3D 打印工艺并无其他用途。事实上，构成间接侵权的"关键零部件"更适合于只能应用 3D 打印而不能用传统工艺制造的专利产品。

有学者认为，应当根据专利产品制造方式的不同对产品设计图的性质予以区分。可以分为两种情况：一是当专利权人利用产品设计图 3D 打印制造的情况下，文档设计图为制造专利产品过程所必需，因而应当属于"与发明的关键要素有关的手段"；二是当专利权人可以沿用传统工艺（例如等材制造或减材制造）制造专利产品的情况下，利用产品设计图进行 3D 打印只是可以选择的方式之一而非必经手段，此时文档设计图是否属于"与发明的关键要素有关的手段"尚存争议。事实上，专利权人无论是采用传统工艺抑或是 3D 打印方法制造产品，文档设计图均可以帮助第三方实现发明的技术效果，属于关键零部件。换言之，问题的核心并不在于专利权人生产产品的工艺选择，而在于所生产的产品是否具有相同的技术效果。在计算机软件案中，阿尔道斯法官（Lord Aldous）就认为，构成"发明实施"要求该技术手段能够将零部件组装并产生相应的技术效果。因此，在 3D 打印中对上述两种情况进行区分是不必要的。此外，甚至可以考虑将 3D 打印专利产品工艺的专利方法视为专利的"零部件"，因为不同专利产品的 3D 打印工艺之间重要的差别在于产品设计图的不同，其他步骤并无二致。

（三）引诱型间接侵权——行为模式

除帮助型侵权以外，还存在引诱型间接侵权行为。3D 打印环境下，引诱型侵权是指，行为人未经专利权人许可，就通过网络平台等途径向普通消费者提供 3D 打印产品设计图，并且通过介绍说明使用方法等手段，在主观上引诱消费者产生 3D 打印专利产品或者实施专利方法的动机。通常而言，行为人不仅通过口头或者其他信息传播方式诱使他人实施侵权行为，而且还向对方提供帮助或者便利。最高人民法院在 2014 年 7 月公布的《关于审理侵犯专利权纠纷案件应用法律若干问题的解释（二）（公开征求意见稿）》中曾建议规定，"提供图纸、传授技术方案"属于积极诱导直接侵权者的行为，其中应当包含了提供 3D 打印产品设计图。因此，引诱型侵权与帮助型侵权在客观方面有重叠之处，均提供了产品设计图。除此以外，前者还会有其他的附加行为，从而在主观上对于消费者产生明确的引诱。

具体而言，行为人实施引诱式间接侵权的行为模式包括但不限于：（1）未经专利权人许可，将专利权人所制作的 3D 打印产品图设计图或者模型参数予以上传，并且故意修改或者删除其原有的专利标记信息，致使消费者误以为该设计图对应的产品不属于专利产品；（2）按照专利权利要求或者附图所记载的技术方案，制作 3D 打印产品设计图后加以上传，并声称该产品不受专利保护；（3）未经许可销售专用于打印专利产品的 3D 打印打印机；（4）越权许可他人利用 3D 打印制造专利产品并收取许可费。通过以上行为，消费者不仅在客观上能够获得 3D 打印制造专利产品的手段，而且主观上也会产生明确的意愿，因而要求行为人承担引诱型间接侵权责任。

（四）主观要件——专利标记的作用

产品设计图提供者承担间接侵权责任，在主观要件上要具有相应的过错，即知晓其提供的产品设计图可以 3D 打印制造出专利产品。判定行为人的主观态度，应当发挥专利标记的作用。对于文档提供者而言，如果其修改或者移除专利权人附加在产品设计图上的专利标记，并将产品设计图上传至网络，且未采取任何技术保护措施限制他人下载打印，则可以认定其具有侵权故意。事实上，《美国专利法》第 287 条也强调了专利标记的作用。根据该法规定，如果专利权人在产品设计图上未标注专利号或专利产品，则只能要求停止侵权的责任承担，而不能对其要求损害赔偿。如果专利权人由于自身的疏忽，未标注专利号或专利产品标识，致使文档提供者产生合理信赖并发生 3D 打印行为，此时并不能完全归责于文档提供者（也包括网络服务提供商），因为后者没有适当理由应当知道涉案产品设计图属于专利保护的范围。此时，法律应当保障其信赖利益，否则专利权人就有实施机会主义行为和滥用专利权利的嫌疑❶。

三、网络服务提供者的"次级"间接侵权责任

(一)"次级"间接侵权责任的出现

在 3D 打印领域存在延展性专利间接侵权问题。目前，国内外的专利间接侵权制度均只针对直接侵权进行引诱和帮助的行为，即"直接的"或者"一级"的间接侵权行为。传统上认为网络用户所实施的应当是直接侵权（如电子商务中的产品网络销售或者许诺销售），才可要求网络服务提供者承担间接侵权责任。但在 3D 打印环境下，如果网络用户利用服务提供商所提供的网络服务实施间接侵权行为（如传播 3D 打印产品设计图），专利权人也可以要求后者承担责任。因此，有必要将《送审稿》第 63 条第 3 款规定中所指的"侵犯专利权"进行适当的拓展解释。

在 3D 打印技术出现后，将两个或者多个"一级"间接侵权行为进行叠加，可以产生"次级"乃至"三级"间接侵权问题。其中，"次级"来源于两个"一级"间接侵权行为，具体形态可能存在三个方面：第一，制作者提供的产品设计图并非针对完整的专利产品，而是针对其主要零部件，在提供零部件的行为已经构成间接侵权的情况下，该制作者的行为对于 3D 打印制造专利产品零部件的行为提供帮助，实际上属于"间接的"间接侵权行为，可称为"次级"间接侵权行为；第二，从另外一个角度考虑，网络服务提供商为制作者在网上传播专利产品的设计图提供网络平台，如果传播设计图行为本身构成间接专利侵权，那么网络服务提供者也属于"间接的"间接侵权行为。第三，网络用户利用互联网平台销售或者许诺销售专利产品的关键零部件。上述三种情况都属于"次级"间接侵权行为，实际上也会对专利权人的市场利益造成冲击。

---

❶ 参见刘强：《机会主义行为与知识产权制度研究——新制度经济学的视角》，中南大学出版社 2016 年版，第 4 页。

（二）主观过错辨析

1. 认定标准

网络服务提供者承担"次级"间接侵权责任必须具有主观过错，即"知道"或者"应当知道"网络用户侵权行为的存在。❶ 从国内立法来看，《侵权责任法》要求网络服务提供者"知道"侵权事实的存在，《送审稿》第 63 条第 1 款也是针对"知道或者应当知道"的主观状态要求其承担间接侵权责任的；从国外的立法来看，《美国专利法》第 271 条第 C 款中关于专利间接侵权的主观要件表述为"知道"，英国专利法和德国专利法均表述为"明知或者应知"。

从文意解释的角度看，"知道"是有证据证明的主观意识状态，换言之，必须有确切的证据证明行为人了解相关的侵权事实。其中，"明知"是对行为人主观过错的事实认定，"应知"是对行为人主观过错的法律推定。❷ 所谓"明知"，是指网络服务商明确知道用户实施侵权行为。"应当知道"属于推定故意，它是相对于现实故意而言的。这意味着网络服务提供商对他人负有查明相关事实的义务，以合理审慎的态度去查明相关事实是否存在。如果其适当履行了注意义务，就可以发现该相关事实的存在。在 3D 打印领域，需要区分对待产品设计图提供者和网络服务提供者。具言之，产品设计图提供者负有较高的注意义务，尤其是对内容的审查义务；而网络服务提供商一般仅具有形式上的审查义务。

从"知道"的对象上看，间接侵权人的主观态度应限定为"特定知道"而非"概括知道"。在英国，法院要求行为人知晓所制造产品侵犯具体哪项专利权方能构成间接侵权。❸ 在美国的计算机系统案

---

❶ 参见伍春燕："试论 3D 打印技术背景下专利间接侵权的认定"，载《华中科技大学学报》（社会科学版）2014 年第 5 期。

❷ 参见吴汉东："论网络服务提供者的著作权侵权责任"，载《中国法学》2011 第 2 期。

❸ Kevin M. Garnett，Gillian Davies，Copingerand Skone James on Copyright，Sweet and Maxwell，2005：812.

中，如果计算机系统运营者实际知道使用其系统可以获得特定的侵权材料，并且其能采取简单措施阻止进一步的侵权，但仍继续侵权时即构成了辅助侵权。● 《司法解释二》也要求行为人知晓"他人实施了侵犯专利权的行为"，因此采用了"特定知道"标准。如本章第四节所述，在 3D 打印网络专利侵权中，由于放宽侵权结果方面的要求已不可避免，因此有必要对主观认定对象方面适当地提高认定的门槛。对行为人所知晓具体内容的要求应当比较高。在侵权结果方面，由传统的"从属说"转变为"独立说"后，可以适当地提高主观认定标准，避免行为人承担过重的间接侵权责任。

2. 具体规则

对于当事人主观态度的认定，在司法实践当中发展出了红旗规则、纳尔逊知道等规则。● "红旗标准"要求行为人不能采取"鸵鸟政策"，以至于对非常明显的侵权行为不闻不问。违反红旗标准意味着行为人对侵权行为的"明知"，但是在实践中对此却往往难以证明，于是在蒂夫妮诉亿贝等案中发展出了纳尔逊知道规则。● 如果行为人怀疑相关事实以至于需要进一步调查时，却故意不进行相关调查，意味着行为人已实际知道。● 具体而言"纳尔逊知道"必须满足两个条件：一是被告主观上相信某一侵权事实的存在有较高可能性；二是被告刻意避免了解该事实是否存在。在我国发生的衣恋案中，法院也认为：淘宝仅被动地根据权利人的通知删除链接，并未采取必要措施防

● Perfect 10, lnc. v. Amazon. com, Inc., 487 F. 3d 701 (9th Cir 2007).

● 美国的"红旗标准"规定：如果侵权行为非常明显，像一面鲜红色旗帜在行为人面前公然飘扬，以至于在同等情况下，理性人都能够意识到侵权行为的存在，而行为人装作看不见侵权事实，则同样能够认定行为人至少应当知道侵权行为的存在。参见 Melvile Nimmer & David Nimmer, Nimmer on Copyright, Mattew Bender & Company, Inc., 2003, 12B. 04 [A] [1].

● Tiffany v. eBay, 600 F. 3d 93, 107, 109 (2d Cir. 2010). 根据该案，网络服务提供商在有理由怀疑其服务的用户正侵犯一个受到保护的商标时，采取了对侵权恶意视而不见的态度与不作为，法院认为其故意躲避了解特定侵权交易的行为构成纳尔逊知道，其实际效果等同于知道。

● R. v. Briscoe, 2010 SCC 13, [2010] 1 S. C. R. 411.

止侵权行为的发生，构成帮助侵权。❶

　　具体到 3D 打印中，只要网络服务提供商意识到用户上传的产品设计图有较高的侵权可能性，并且未采取有效措施排除这种侵权风险，就可以认定其存在侵权故意。对于网络服务提供者而言，如果采取网页浏览及常识推断等表面审查措施，即可以发现该产品设计图有较大的侵权风险，却仍然不予以清查，并声称确实不知该产品设计图构成侵权，则属于"故意无视"行为，可以被认定为"应当知道"。

　　另外，在认定主观状态时要具体考量网络服务类型。如果其不仅提供简单的存储和搜索服务，还对该内容进行了整理，或者提供深度链接服务，则需要承担更高的注意义务。❷ 另外，如果网络服务提供者发布澄清声明或提供责任担保，以降低消费者的侵权顾虑，则有可能构成"知道"侵权行为存在的情形。

（三）对"合格通知"的要求

　　起源于美国千年数字版权法（DMCA）的"避风港规则"以"通知＋删除"为核心，可以被借鉴到专利领域中来，并在 3D 打印环境下发挥重要作用。该规则创造了一种高度外观化的标准来认定网络服务提供者的主观态度。《送审稿》第 63 条第 2 款也将专利权人或专利执法部门发出侵权通知作为要求网络服务提供商承担间接侵权责任的情形之一。专利权人一旦发现侵权事实，并向网络服务提供者发出了正式、明确且有效的通知，网络服务提供商就应该意识到侵权行为可能在发生，在合理情况下有义务将其删除或屏蔽。❸ 如果其仍然没有采取措施防止侵权损害的扩大，就表明其具有主观过错，应承担相应的间接侵权责任。考虑到 3D 打印的特殊性，有必要拓宽侵权通知所针对的对象，尤其是将网络用户提供产品设计图的间接侵权行为

---

❶　上海市浦东新区人民法院（2010）浦三民（知）初字第 426 号民事判决书。

❷　参见王迁：《网络版权法》，中国人民大学出版社 2008 年版，第 145 页。

❸　参见胡开忠："避风港规则在视频分享网站版权侵权认定中的适用"，载《法学》2009 年第 12 期。

也纳入其中。

对于合格通知的内容，应当包括以下几点：（1）专利权人的身份信息；（2）遭受侵害的专利权利要求以及权利人对其进行的初步解释，以帮助网络服务提供者判断涉事产品设计图是否落入专利的保护范围；（3）涉嫌侵权的 3D 打印产品设计图的具体信息，以帮助网络服务提供者确定其存储位置；（4）专利登记簿副本，用以证明专利权有效存在；（5）对于实用新型和外观设计还应当出具专利权评价报告，以证明其是否具备授权条件，❶ 从而避免不稳定的专利权扰乱网络秩序。总体而言，以上信息必须具体、准确，而不能是概括性的和笼统的，否则将不能达到合格通知的要求。

（四）网络服务提供者的“必要措施”

根据《送审稿》第 63 条第 2 款、第 3 款规定，网络服务提供者在收到合格通知以后要采取“必要措施”。考虑到专利权的或然有效性和专利保护范围认定的复杂性，权利人的通知可能有重大瑕疵，或者行为人有相当的理由相信涉案产品设计图并未构成侵权，网络服务提供商应当拥有一定范围的审查权。如果经过审查认为构成侵权或者侵权风险很高，则应当删除相应的产品设计图；但是如果网络服务提供商在合理审查后认为不构成侵权，未移除涉案产品设计图的并不意味着必须承担责任。美国千年数字版权法在规定“通知＋移除”规则的同时，还规定了“反通知＋恢复”规则，❷ 这说明移除文档并非是不可避免的步骤措施。事实上，网络服务提供商删除涉案产品设计图的行为很可能会损害网络用户的合法权益。因此，这涉及网络自由与侵权风险的利益平衡问题，有赖于建立合法有效的专利信息检测机制。

---

❶ 目前，专利评价报告只能在专利侵权诉讼中由法院或专利管理部门要求出具，这极大地影响了网络服务提供者对专利的评价。事实上，对于专利评价这样高度技术化和专业化的事项来说，专利评价报告理应发挥更大的效用。因此，有必要拓宽做出出具要求的主体，将产品设计图提供者和网络服务提供商纳入进来，以对涉案专利做出准确的评价。

❷ 参见王迁：《网络版权法》，中国人民大学出版社 2008 年版，第 171 页。

另外，3D 打印行为人善意信赖律师的意见能否排斥其主观故意存在争议。在阿美山姆案中，法院最终接受了被告所主张的"律师意见抗辩"。❶ 但这种观点在理论界与实务界均遭到了广泛的质疑。❷ 如果获得律师意见就可以避免承担责任，将会造成一种广泛的投机行为，同时将刺激行为人通过咨询律师意见来对抗间接侵权的指控，以牟取不正当的利益。因此，善意信赖律师的意见或许可以作为证明被告主观状态的一个证据，但并它不是决定性因素。❸

（五）"三级"间接侵权问题

在此基础上，将上述两个方面的"次级"间接侵权叠加，则会出现"三级"间接侵权问题。从形式上看是三个"一级"间接侵权行为的组合，从内容上看是网络服务提供者对作为专利产品实质性零部件的产品设计图的网络传播提供平台性服务。这是对"一级"和"二级"间接侵权的进一步延伸。在 3D 打印环境下有必要对其进行法律规制，要求其承担间接侵权责任。

表 2　间接侵权层级关系表

	提供产品零部件	提供产品设计图	提供网络服务平台	行为性质
1	√	×	×	一级间接侵权
2	×	√	×	一级间接侵权
3	×	×	√	一级间接侵权
4	√	√	×	二级间接侵权
5	×	√	√	二级间接侵权

❶ Amersham Pharmacia Biotech. Inc. v. Perkin-Elmer Corp. No. C 97—04203 CRB. 2000 WL 1897300 (N. D. Cal. Dec. 22, 2000).

❷ 参见王剑锋："专利引诱侵权之主观故意的认定——以美国阿美山姆诉陪肯艾尔案为视角"，载《电子知识产权》2003 年第 8 期。

❸ Robert O. Bolan & William C. Rooklidge, Imputing Knowledge To Determine Willful Patent Infringement, American Intellectual Property Law Association Quarter Journal, 1996, 24 (13): 163.

	提供产品零部件	提供产品设计图	提供网络服务平台	行为性质
6	√	×	√	二级间接侵权
7	√	√	√	三级间接侵权

注：三种行为模式之间属于叠加关系。

四、从属说与独立说之辨

关于间接侵权与直接侵权的关系，尤其是间接侵权是否需要以存在直接侵权为前提，有"独立说"和"从属说"两种论说。由于间接侵权脱胎于民法共同侵权理论，使得从属说一直占据上风，而以"独立说"为例外。[1] 前者认为间接侵权至少在原则上从属于直接侵权。这一立场体现在北京市高级人民法院《关于侵权判定若干问题的意见》（2001）第 78 条：间接侵权一般应以直接侵权的发生为前提条件，在没有直接侵权行为发生的情况下，不存在间接侵权。《送审稿》第 63 条要求网络服务提供者与网络用户承担连带责任，意味着后者的存在是前者承担责任的前提性条件，采用的仍然是"从属说"。美国 1961 年的阿罗制造公司案也认为，由于涉案产品的购买是合法行为，不存在直接侵权，因此也就不构成间接侵权。[2] 换言之，教唆、帮助行为人承担间接侵权责任的前提是直接侵权行为的发生。但是，在网络环境下"从属说"不仅理论上难以成立，而且还与 3D 打印产品制造的模式存在错位。

"从属说"将间接侵权行为放在次要地位，并将直接侵权行为作为主要的规制对象。在前 3D 打印时代，由于直接侵权行为较为容易认定，并且从属侵权行为并非获利主要手段，因此适用"从属说"并无太大问题。然而，在 3D 打印环境下，直接侵权行为难以被发现和

---

[1] 参见尹新天：《专利权的保护》，知识产权出版社 2006 年版，第 529 页。

[2] Aro Manufacturing Co. Inc.，et al v. Convertible Top Replacement Co.，Inc. 365 U. S. 336，128 USPQ 354 (1961).

认定，间接侵权行为便成为重点规制的对象。如前所述，由于普通消费者的分散性、隐蔽性和制造过程的虚拟化、网络化，专利权人通常难以捕捉和发现作为个人的 3D 打印制造者的专利技术实施行为。如果将直接侵权行为的发生作为间接侵权的必备条件，而直接侵权又需以"生产经营为目的"，将导致无论是直接侵权还是间接侵权都无法进行认定，专利权人的合法权益处于不受法律保护的真空状态。由于产品设计图提供者和网络服务提供商等间接侵权行为人的财力较为雄厚，从而成为专利权人的主要守门人，受到损害的专利权人也更倾向于起诉他们。

有学者认为，如果遵循"独立说"对间接侵权制度进行构建，将提供专利产品零部件的行为视为侵权，那就会阻塞公众获取这些零部件的合理渠道，从而在实质上排除了对专利产品的合理使用。❶ 然而，在 3D 打印环境下，产品设计图对专利产品的指向性非常明确，其发挥的作用甚至超过传统的产品零部件，因此可以作为独立承担责任的对象。

另外，我国专利制度与德国、英国类似，不将"以生产经营为目的"作为制造性直接侵权的构成要件，因此有必要在 3D 打印领域放宽对间接侵权中后果要件的要求，以期为专利权人在网络环境下主张权利提供法律基础。基于此，应采用"独立说"，对间接侵权的认定不以直接侵权为必备条件。当然，尽管不要求直接侵权行为实际发生，但是对于损害结果而言仍然应满足最低限度的要求，即专利侵权行为发生的概率会很大，比如 3D 打印产品设计图所针对的产品一旦被制造出来确实构成侵权。只有这一要求成立，专利权人的市场利益才有可能受到影响，法律才有介入和干预的必要。❷ 因此，建议将《送审稿》第 63 条中的"侵权专利权的"修改为"侵犯专利权或者造成较高侵权风险的"，以适应采用"独立说"后的制度框架。

---

❶ 参见张玉敏、邓宏光："专利间接侵权制度三论"，载《学术论坛》2006 年第 1 期。

❷ 参见崔国斌：《专利法——原理与案例》，北京大学出版社 2012 年版，第 651 页。

小　　结

　　在 3D 打印专利产品制造中，间接侵权行为的普遍化、网络化要求专利制度予以应对。产品设计图提供者和网络服务提供商作为专利权人主要的"守门人"，应当承担相应的间接侵权责任。有必要以专利法此次修改《送审稿》所建立的规则为基础，合理地构建网络间接侵权制度，以期在 3D 打印和互联网双重夹击下维护专利权人的合法利益，进而促进 3D 打印技术与产业的长久发展。

第五章

3D 打印自我复制专利侵权问题

近年来，以 3D 打印、生物基因、计算机软件和干细胞为代表的自我复制技术逐步兴起，此类技术使得专利产品购买者能够自行复制产品。那么，该自我复制行为的性质如何，是否构成专利侵权，在进行专利侵权认定时是否适用专利权用尽规则，有无专利侵权的例外情形？上述问题在现有的专利制度体系下均难以得到有效的解决，因此有必要加以探讨。

一、自我复制对专利保护形成挑战

（一）自我复制的行为性质和技术属性

专利侵权的自我复制，是指专利产品的购买者在使用过程中，借助该产品自身所具有的技术功能再次制造一个或者多个复制品的行为。美国联邦最高法院在 2013 年孟山都案中将该技术称为"具有自我复制特征的技术"❶，而美国政府在对该案所出具的法庭之友意见中将其称为"可以在有限的人为干预下实质性等同地复制产品本身"❷。因此，自我复制行为可以被界定为"制造性使用"，即在使用产品的同时能够产生新的同一产品。与其他工业化重复制造的产品不同，自我复制产品在使用时不必借助除产品本身以外的其他设备作为

---

❶ Bowman v. Monsanto Co., 133 S. Ct. 1761 (2013).

❷ Brief for the United States as Amicus Curiae Supporting Affirmance at 16-17, Bowman v. Monsanto Co., 133 S. Ct. 1761 (2013) (No. 11-796), 2013 WL 137188.

制造工具，仅利用自身所具备的技术功能即可实现对产品的复制，从而实现了制造手段和制造对象的统一。

对于专利产品的购买者而言，自我复制技术实质性地打破了制造专利产品的技术门槛，能够为其复制产品提供指导乃至手段，从而非常便捷地实施"搭便车"行为，再次制造该专利产品的新复制品。以 3D 打印技术为例，使用者可以利用 3D 打印机，依据产品设计图电子文档制造其本身的主要零部件，进而组装一台新的 3D 打印机加以自行使用或者销售给他人。阿德里安·鲍耶尔在开发了 RepRap 型 3D 打印机后，将所有零部件的计算机辅助设计图提供给网络用户，使其能够制造同样的 3D 打印机。❶ 与 3D 打印类似，生物繁殖也是自我复制的典型形式。对于农作物而言，只要土壤、温度等自然条件适宜即可产生大量新一代的同种作物个体。例如，转基因大豆技术可以做到"作物即种子"❷。孟山都案中，作为农民的被告鲍曼自行将所购买的大豆用作种子，反复种植并收获了八代大豆作物，同时保留了原有专利大豆的抗除草剂特性。❸

3D 打印自我复制行为的性质来源于其独特的技术属性。纽约大学的凯瑟琳·斯坦伯格教授将技术分为自我揭露技术和非自我揭露技术两类。❹ 由于非自我揭露技术不容易被反向工程解构其内容，因此技术开发者不必担心竞争者的"搭便车"行为，可以在商业秘密和专利制度之间根据成本效益原则来选择保护模式。但是，自我揭露技术则不能保密，一旦产品投入市场，将会很容易被他人剖析出所包含的技术诀窍，因此开发者通过专利获得保护的动力更大。自我复制技术是自我揭露技术的极端例子。❺ 实施者不仅无须耗费成本通过反向工

---

❶　Simon Bradshaw, Adrian Bowyer, Patrick Hauf, The Intellectual Property Implications of Low-Cost 3D Printing, Scripted, 2010, 7 (1): 6-31.

❷　Asgrow Seed Co. v. Winterboer, 513 U. S. 179 (1995).

❸　Bowman v. Monsanto Co. , 133 S. Ct. 1761 (2013).

❹　Kartherine J. Standburg, What Does the Public Get? Experimental Use and the Patent Bargain, Wisconsin Law Review, 2004, 73 (1): 81-100.

❺　Jeremy N. Sheff, Self-Replicating Technologies, Stanford Technology Law Review, 2013, 16 (2): 229-256.

程对产品进行技术解析，而且自动地获得了制造产品的设备和工具，不必额外地支付经济成本和克服技术障碍。

（二）自我复制对专有权利的冲击

自我复制给专利权人的专有性权利带来了巨大的挑战。一直以来，技术门槛和规模效应是专利权人维护市场独占地位的重要手段。它不仅能够带来抢占市场的时间优势，而且对于防止新参与者的加入和防范侵权行为也会起到重要的保障作用。[1] 专利制度假设侵权行为的技术难度较高，并在一定程度上依赖获得制造工具的高成本来保持专有性权利的有效性。但是自我复制技术的出现挑战了这一假设，它导致制造成本的降低和产品的迅速传播，给专利权人控制专利产品的复制带来技术上的障碍，难以维护其所拥有的市场独占地位。

美国约翰·马歇尔法学院利姆教授认为，由于实施自我复制技术能够产生新的复制品，因此给专利保护的传统边界带来的挑战是其他技术难以比拟的[2]。消费者能够利用自我复制技术为自身使用的目的不断地制造专利产品，甚至可以成为新的生产者参与同专利权人的市场竞争，使得消费者和竞争者在身份上出现混品。如果自我复制行为不受控制，将使得专利权人在售出第一件专利产品后便无法继续进行独占性的销售，有可能导致专利产品的第一次销售成为最后一次。

（三）自我复制对利益格局的突破

自我复制行为可能会对于专利权人的市场利益产生显著影响，使得专利权人获得的经济回报减少。由于专利产品的购买者有能力再次制造同样的产品，并且保留原产品所有实质性的技术特点和使用功能，因此无须再从专利权人处获得许可并支付费用。鲍耶尔开放硬件源代码的举动引发了传统产业界的质疑：为什么要向消费者销售一台

---

[1] 参见陈卫明："从 Bowman 案看美国专利权用尽原则的历史演变"，载《知识产权》2014 年第 8 期。

[2] Daryl Lim, Self-replicating Technology and the Challenge for the Patent and Antitrust, Cardozo Arts and Entertainment Law Review，2013，32（1）：131-223.

机器以至于他们再也不需要回头来购买一台新的设备，也不需要购买零部件进行维修，甚至可以制造该机器与销售者进行直接的竞争？❶在孟山都案中，鲍曼的答辩意见称，"将1亩土地中收获的大豆用作种子可以种植26亩大豆"❷，因此当其再次种植时便不再从专利权人处购买种子并支付许可费用，实际上由此"剥夺了专利法为销售专利产品所提供的经济回报"❸。随着自我复制行为的普遍化，将使得专利权人既有的市场利益受到严重的冲击。

更进一步推论，假使自我复制专利权人希望在销售首件产品时一次性地获得此后所有复制品所产生的经济回报，但是由于难以事先预测复制品的数量，因此不能精确地加以计算并作为确定售价的基础。孟山都公司认为，如果允许购买者自由地使用所购大豆进行再次种植，那么他可能会对首次销售的专利大豆产品要价数十亿美元❹。原因在于首次销售以后，购买者复制的大豆产品会迅速占领市场，使得产品价格下降到竞争性水平，导致专利权人无法获得研发投入的回报。而且，购买者纵然愿意支付巨额费用购得首次销售的专利产品，同样无力控制他人未经其许可的自我复制行为，因而也不愿意承担风险，并支付超过正常购买专利产品所需的费用。因此，专利权人在首次销售时收取超高的对价会导致市场失灵，❺此类交易实际上是无法实现的。

二、自我复制专利侵权认定中的专利权用尽规则

在自我复制行为的专利侵权认定中，专利权用尽规则的适用成为

---

❶　Simon Bradshaw, Adrian Bowyer, Patrick Hauf, The Intellectual Property Implications of Low-Cost 3D Printing, Scripted, 2010, 7 (1): 6-31.

❷　Brief for Respondents at 4-5, Bowman v. Monsanto Co., 133 S. Ct. 1761 (2013) (No. 11-796) WL 179941.

❸　Bowman v. Monsanto Co., 133 S. Ct. 1761 (2013).

❹　Brief Amicus Curiae of the American Seed Trade Association in Support of Respondents at 22, Bowman v. Monsanto Co., 133 S. Ct. 1761 (2013).

❺　Daryl Lim, Self-replicating Technology and the Challenge for the Patent and Antitrust, Cardozo Arts and Entertainment Law Review, 2013, 32 (1): 131-223.

较大的瓶颈。根据专利权用尽规则，一旦专利权人合法地销售了 3D 打印专利产品，购买者对该产品的使用和再次销售将不再被视为专利侵权。美国联邦最高法院在 2008 年广达案中秉持对专利权用尽的一贯解释，认为"在专利产品首次合法销售以后，专利权人对于该产品的所有专利权利均已耗尽，购买人可以按照其意愿使用或者销售该产品"❶，从而不再受专利权人的控制。

然而，将专利权用尽规则的适用范围仅限于权利人实际售出的专利产品，这就意味着使用者并没有权利制造新的专利产品。美国联邦最高法院在 1873 年米切尔案中认为："如果购买专利设备的目的在于对其进行普通用途的使用，那么不代表购买者可以重新制造一台，不论是由购买者自己使用该新设备或者将其提供给他人"，尽管"专利产品的所有权已经完整地转移给买受人，但是他没有获得专利垄断权的任何组成部分。"❷ 因此，专利产品所有权的转让并不代表专利权的转移，购买者再次制造专利产品的行为仍然受到专利权的约束。

由于自我复制行为在表面上属于对专利产品的使用，如果获得专利权用尽的豁免将使其摆脱专利权的限制，对专利产品的自我复制将不必取得专利权人的许可。尽管专利权用尽规则可以防止专利权人在首次销售后再次获利，并且避免因专利权的存在而限制产品的自由转售和流通，但是专利权人通常只就其实际出售的专利产品获得经济回报，如果专利产品未经许可便再次在市场中出现必然会损害其利益。因此，专利权人能否对购买者通过自我复制所得到的产品主张权利，将决定专利权用尽规则是否会成为其获得合理积极利益的制度障碍。

（一）"制造与使用"二分法

在专利权用尽领域，最重要的是对制造和使用予以区分，并据此

---

❶ Quanta Computer, Inc. v. LG Electronics, Inc., 553 U. S. 617, 625 (2008).

❷ Mitchell v. Hawley, 83 U. S. 544 (1873).

判断专利产品购买者的行为能否被视为不构成专利侵权。❶ 这被称为"制造与使用"的二分法。❷ 根据文意解释，制造意味着新产品的产生，是从无到有的过程；而使用是对既有产品的利用，在技术上包括利用现有的专利产品（作为零部件或者技术手段）制造新的产品。若购买者的行为属于对既有专利产品的使用，则不属于专利侵权；若其行为已经构成对新产品的制造，则不能得到专利权用尽所提供的豁免。在专利权能中，制造权和使用权是相互独立的，使用权耗尽不会导致制造权也同时耗尽。在爵士相片公司案中，美国联邦巡回上诉法院认为专利产品的使用权不包括以该产品作为模型实质上建造新的产品。❸ 因此，尽管专利权人对其所销售的专利产品耗尽了专利权，但是若将该产品用于制造新的专利产品，则不能认为对该新产品而言也耗尽了专利权❹。

对专利产品的制造和使用进行区分有两个标准：一是在行为对象上是否作用于既有的专利产品，如果是，则通常属于使用；二是在行为结果上是否产生新的专利产品，如果是，则一般属于制造。在这两项标准中，更重要的是后者，因为其对于专利权人利益的影响更为直接。在孟山都案中，美国联邦最高法院援引了韦氏词典，认为制造的含义是"使存在、产生、出现"❺，而没有把使用现有的（专利）产品排除在制造手段之外。在日本专利法上，认定制造行为时也更注重考察该行为是否产生新制造的专利产品；❻ 相对而言，行为对象则属

---

❶　参见王淑君："自我复制技术语境下专利权用尽原则的困境及消解"，载《学术界》2014 年第 8 期。

❷　Daryl Lim，Self-replicating Technology and the Challenge for the Patent and Antitrust，Cardozo Arts and Entertainment Law Review，2013，32（1）：131-223.

❸　Jazz Photo Corporation v. International Trade Commission，264 F. 3d 1094，1102（Fed. Cir. 2001）.

❹　参见尹新天：《中国专利法详解》，法律出版社 2011 年版，第 793 页。

❺　该法院依据的是 1961 年版《韦氏新国际词典》（第 3 版）。Bowman v. Monsanto Co.，133 S. Ct. 1761（2013）.

❻　参见［日］青山纮一：《日本专利法概论》，聂宁乐译，知识产权出版社 2014 年版，第 33 页。

于辅助性的标准，即使作用于既有专利产品，只要作为结果所得到的复制产品落入了专利保护范围，仍然有可能构成侵权。❶

"制造和使用"二分法对于正确适用专利权用尽规则起到了重要作用，在受到专利保护的所有技术领域中都应当发挥其应有的效用。在传统技术领域，对专利产品的使用不会产生同样的新产品，可以比较清晰地区分制造和使用行为的技术性质和法律地位。而自我复制行为的特殊之处则在于兼具制造和使用的性质，这种技术上的双重属性导致其法律地位模糊。尽管如此，在专利权用尽规则的适用过程中仍有必要恪守该二分法。正如美国圣约翰大学谢夫教授所言："在专利权用尽中适用二分法使得专利权人能够保护其基本的市场利益，从而获得超过竞争性价格的市场回报。"❷ 专利权人保留对新产品制造权的控制，同时购买者获得对所购专利产品合理的使用权，符合两者的正当预期，也是进行利益划分的基本标准。

专利权用尽中的专利产品修理与再造规则已经体现了"制造和使用"的二分法，并且为其在自我复制行为中的适用提供了参考。购买者为了维持专利产品的使用功能可以对其进行修理，但是不应当超出合理的范围，以至于构成对该产品的再造。否则，购买者的行为不能受到专利权用尽规则的保护，并构成专利侵权。1961 年帆布顶棚专利案的判决认为，通过二次制造所获得的专利产品将再次受到专利独占权的限制❸。对专利产品的修理属于广义的使用，因此将其与再造进行区分实质上也属于对制造和使用进行二分的范畴。尽管目前对于修理与再造并无统一且明确的区分标准，但是学界和实务界仍然坚持该二分法，认为对两者进行划分非常重要，并且逐步发展出一系列规

---

❶　参见［日］田村善之：《日本知识产权法》（第 4 版），周超、李雨峰、李希同译，知识产权出版社 2011 年版，第 268 页。

❷　Jeremy N. Sheff, *Self-Replicating Technologies*, Stanford Technology Law Review, 2013, 16（2）：229-256.

❸　Aro Manufacturing Co. v. Convertible Top Replacement Co., 365 U. S. 336（1961）.

则加以澄清。● 如果说修理与再造在行为结果上尚存在模糊之处，从而影响了对其界限的厘清，那么自我复制并不存在这一问题，行为对象上的重叠性不应妨碍"制造与使用"二分法得到适用。自我复制行为所得到的产品已经不再局限于对既有产品的使用或者修理，而是整体性地再现了专利产品本身。即使对于不完全的自我复制行为而言（例如3D打印机只能复制其主要零部件），也只需要配以通用的辅助性部件即可产生完整的专利产品。根据现有规则，这必然已经跨越了修理或者使用的界限而构成再造。修理与再造规则在3D打印等自我复制技术出现之前便已存在，其演进历史所带来的启示在于：对制造与使用进行二分是合理界定专利权用尽边界的基本准则，其所涉权益的归属将决定各方利益能否得到有效平衡。

（二）制造与使用的"融合"问题

自我复制行为兼具制造与使用的双重性质，导致适用专利权用尽规则时出现制造与使用"融合"的问题。自我复制使得制造与使用在行为对象上出现混同，均作用于现有的专利产品，而对区分两者更为重要的行为结果标准却被有意或者无意地忽视了。事实上，在版权法领域同样面临作品思想与表达的融合问题，在此情况下不给予著作权保护，有利于保留相应的公共领域并鼓励对作品的创作。❷ 同样地，在专利权用尽领域，也有必要明确在"制造与使用"不可分离的情况下专利产品是否已经进入公共领域，以合理地体现当事人的利益预期。

面对制造与使用"融合"问题所带来的挑战，应当保持专利权用尽规则的一致性。美国知识产权法专家布尔克教授等指出："专利法对于广泛技术领域的专利有效性和侵权问题设置了一套普遍的法律规则。在法律标准的规定和适用方面对于不同技术并无显著差别，只有

● 范长军、郭志旭："3D打印对专利产品修理与重作规则的挑战"，载《华中科技大学学报》（社会科学版）2014年第5期。

❷ 参见李明德、许超：《著作权法》，法律出版社2003年版，第29页。

极少数例外情形。"❶ 当然，法律规则的一致并不代表适用的方式也会等同。美国联邦最高法院在 2012 年的梅奥医疗实验室案中表示："专利法的一般性规则调整着许多不同领域的人类研发活动，努力平衡着多种利益考量，但是其适用结果可能会因技术领域的不同而有所差别。"❷ 由于自我复制行为出现了其他技术领域未曾有过的"融合"现象，使得专利权用尽规则的适用方式会体现出其特殊性。

事实上，不论将自我复制行为界定为制造抑或使用，以及专利权对其是否用尽，均可能对现有规则产生一定程度的冲击。在孟山都案中，鲍曼认为其将所收获的大豆用作种子继续种植不过是正常的利用行为，允许专利权人对此进行干涉将为自我复制技术"在专利权用尽规则中设定不合理的例外"❸。然而，美国联邦最高法院指出，若支持鲍曼的意见也将对"专利权用尽不延及对新产品的制造"❹ 的规则设定前所未有的例外情形。因此，为了保持专利权用尽规则对所有技术领域的一致性，不应对自我复制技术设定专门的例外情形。在界定其适用范围时，不能仅基于较为表面化的"行为对象"因素，而应考虑更为根本的"行为结果"标准。

解决制造与使用"融合"的问题有两条路径可以选择。一是个案处理，对于修理与再造规则的适用通常采取该方式。其原因在于，两者对区分制造与使用中的行为结果标准尚存在分歧，不足以将其利益从整体上划归于一方当事人。英国最高法院在 2013 年的舒尔茨案中认为，对于区别于修理的制造行为应当根据特定案件的事实给予认定。❺ 二是进行类型化处理，在自我复制行为中可以采用。虽然其作

---

❶ Dan L. Burk, Mark A. Lemley, Is Patent Law Technology-Specific? Berkeley Technology Law Journal, 2002, 17 (4): 1155.

❷ Mayo Collaborative Services v. Prometheus Labs. Inc., 132 S. Ct. 1289, 1305 (2012). 尽管此案的争议焦点是可专利性的技术主题，但是该论断同样适用于专利权用尽规则。

❸ Bowman v. Monsanto Co., 133 S. Ct. 1761 (2013).

❹ Bowman v. Monsanto Co., 133 S. Ct. 1761 (2013).

❺ Schütz v. Werit, [2013] UKSC 16.

用对象属于现有专利产品，但是在行为结果上却具有一致性，即必然会产生独立的新产品。因此，为了给予当事人明确的行为预期，应当采取类型化方式对其利益进行整体性的界定。

（三）专利权用尽规则的排除适用

自我复制行为作为"制造性使用"，在专利权用尽中应当被视为"制造"，因而不能享有该规则所带来的豁免。如果专利产品的购买者通过自我复制再次制造了新的专利产品，则应当被认定为侵犯专利权的行为。对于自我复制行为排除适用专利权用尽规则，主要基于以下两个方面的因素。

1. 专利权人与购买者之间的利益平衡

从专利权人角度而言，应当有权禁止专利产品的购买者通过自我复制行为制造该产品的复制件。如果在法律上允许购买者进行制造性的使用，并且认为专利权已经用尽，那么自我复制行为将同时克服技术障碍和法律限制。权利人会因此丧失对"制造性使用"行为的法律控制，只能在其销售第一件专利产品时获得经济回报，此后将不再有获得独占利益的可能性。因此，美国联邦巡回上诉法院在斯克鲁格斯案判决书中指出："专利产品具有自我复制能力，并不代表购买者可以实施复制行为"[1]，只要购买者所种植的第二代（及以后）的大豆种子并非从专利权人处购买，则不能认为专利权已经用尽。美国联邦最高法院在孟山都案中认为，将专利权用尽的适用范围限于权利人实际售出的专利产品的目的在于让发明贡献与经济报酬相匹配。[2] 允许对自我复制适用专利权用尽，将使得专利权的价值在专利产品销售以后急剧下降。此时，权利人获得的保护不再是专利法规定的 20 年，而只是一次性的产品销售，法律也将不再具有保护创新的功能。[3] 因此，专利权人应当保留对自我复制行为进行控制的权利。

---

[1]　Monsanto v. Scruggs，459 F. 3d 1328（Fed Cir. 2006）.

[2]　Bowman v. Monsanto Co.，133 S. Ct. 1761（2013）.

[3]　Bowman v. Monsanto Co.，133 S. Ct. 1761（2013）.

从购买者角度来说，即使被禁止实施制造性的使用行为，也不会影响其对所购专利产品进行其他形式的合理利用并获得收益。一般而言，自我复制技术产品仍然具有非复制性用途。在广达案中，美国联邦巡回上诉法院将侵权性用途是否属于专利产品"唯一合理和有意义的用途"作为能否适用专利权用尽规则的判定标准。在孟山都案中，农民既可以将大豆用于继续种植，也可以用于人或者牲畜的消费，加工成其他食品，或者直接转售给其他人，因而即使不进行自我复制也可以获得合理的经济回报。对此，鲍曼也予以认可。❶ 由此可见，购买者并非只有实施专利产品的自我复制功能才能实现其经济利益，而不应将其纳入专利权用尽规则适用的范畴。将专利产品用于自我复制固然可以得到下一代复制品，并取得高于普通用途的经济利益，但是该行为的合法性应当建立在每次复制均获得专利权人许可并支付费用的基础之上，否则仍然应被认定构成侵权。

需要注意的是，在平衡专利权人和购买者利益的同时，也要兼顾两者的合理预期。首先，购买者为实现其合理目标而实施的自我复制行为，尤其是经过专利权人明示许可或者存在默示许可情形时，应当属于对专利产品的合法使用。在孟山都案中，美国联邦最高法院尽管不允许鲍曼留种并在第二季及以后种植大豆，但是仍然认定其获得了种植一季的许可。该法院甚至认为即使不存在该明示许可，也可以基于默示许可给予侵权豁免。❷ 其次，在判断当事人预期合理性的主体方面，应当以"该领域普通技术人员"作为标准，2007 年凯斯乐国际公司案将其界定为具备普通知识和判断能力的人。❸ 此外，在产品的寿命预期方面，应当以非侵权性用途为标准进行衡量。尽管自我复

---

❶　这一点从孟山都公司市场份额扩张的现象可以得到佐证。美国大豆农民联合会提供给法院的法庭之友意见认为，即使孟山都公司的种子售价较高，农民仍然可以获得经济利润。Brief of American Soybean Association et al. as Amici Curiae in Support of Respondents at 18, Bowman v. Monsanto Co., 133 S. Ct. 1761 (2013) (No. 11-796), 2013 WL 315223.

❷　Bowman v. Monsanto Co., 133 S. Ct. 1761 (2013).

❸　KSR International Corporation v. Teleflex Incorporation, 550 U. S. 398 (2007).

制可以不断地延长产品的使用年限，但是因该行为属于侵权性质而被
排除在外。

2. 公共领域问题

反对将自我复制行为排除在专利权用尽规则适用范围之外的观点
认为，专利产品首次销售以后即不再受专利权人的控制，而进入了专
利法意义上的公共领域，如果将自我复制视为制造行为并认定为侵权
会使该专利产品重新进入私有领域，从而违背了专利制度的基本理
念。❶ 鲍曼认为，既然已从专利权人处购买了专利大豆，那么对其进
行使用（包括作为种子进行种植）就不应再受专利权人的控制。况
且，对于能否利用专利许可协议中的售后限制条款避免专利产品进入
公共领域的问题，美国联邦最高法院一直持比较谨慎的态度，在相关
案件中也未作明确表态❷，使得主张扩展专利权用尽中公共领域的立
场得到一定程度的支持。

然而，利用公共领域概念否认自我复制行为侵权性质的观点，则
属于对专利权用尽规则的误读。在通常情况下，用于实施侵权行为的
工具、设备或零部件本身并不受专利权的限制，至少不受涉案专利权
的禁止，因此属于公共领域。但是，这并不妨碍将其用于专利产品的
制造可能会构成侵权。在认定专利侵权时，要求落入专利保护范围的
是行为人所制造的对象而其非所使用的制造工具。造成误读的原因在
于，专利产品的购买者已经向权利人支付过报酬，而且对产品的自我
复制并未借助其他制造工具，因此表面上对于还需再次承担支付费用
的义务难以理解。实际上，制造行为的侵权性质与实施主体是否曾购
买专利产品并无关联。在舒尔茨案中，英国最高法院认为依赖于实施

---

❶　Daryl Lim，Self-replicating Technology and the Challenge for the Patent and
Antitrust，Cardozo Arts and Entertainment Law Review，2013，32（1）：131-223.

❷　美国联邦巡回上诉法院在 1992 年的马林克罗特案（Mallinckrodt, Inc. v.
Medipart, Inc.）中明确表示，专利产品购买者违反销售合同中的售后限制条款会使得专利
权在产品的使用、销售等情形中并未用尽，并在斯克鲁格斯案、麦克法林案（Monsanto v.
McFarling，2007）、孟山都案中均对此予以重申。然而，美国联邦最高法院在广达案、孟
山都案中并未对此明确予以肯定。

主体的身份来判断是否构成"制造"行为是"不合逻辑和无原则的"❶。因此,即使是专利产品的购买者实施自我复制行为,依然需要得到专利权人的再次许可。

三、自我复制专利侵权认定的限制

由于 3D 打印自我复制行为不能适用专利权用尽规则,使得购买者在对专利产品进行使用、转售过程中面临的专利侵权风险增加,甚至有可能对于产品的合理利用也会产生抑制,并进而影响自我复制技术的研发和实施。为此,有必要对自我复制行为构成专利侵权的情形进行适当的限制,以免造成不必要的法律障碍。

(一)专利间接侵权情形的限制

根据专利权用尽规则,专利产品购买者转售该产品不会构成直接侵权。然而,由于次购买者有可能利用该产品实施自我复制行为,在直接侵权行为难以查明的情况下,专利权人可能会追究提供具备自我复制功能的专利产品的间接侵权责任。❷ 次购买者在使用该产品并进行自我复制的过程中,原购买者所提供的产品会成为"与发明的关键要素有关的手段"❸,并构成专利间接侵权认定的核心要件,因此购买者仍然有可能面临专利间接侵权的风险。❹ 有必要限制具备自我复制功能的专利产品的购买者在转售过程中的间接侵权责任,以避免其成为产品自由流通的制度障碍。

为了给自我复制行为保留合理的侵权豁免空间,应当引入技术中

---

❶ Schütz v. Werit,〔2013〕UKSC 16.

❷ 我国虽然尚未正式建立专利间接侵权制度,但是对此呼声很高并有可能在立法中加以落实。

❸ 德国专利法规定,专利间接侵权行为主要表现为未经专利权人许可,向无权实施专利的人许诺销售或者销售"与发明的关键要素有关的手段"。参见范长军:《德国专利法研究》,科学出版社 2010 年版,第 114-117 页。

❹ 黄亮:"论避风港规则在 3D 打印专利侵权判定中的移植",载《电子知识产权》2015 年第 5 期。

立原则并加以改造。基于该原则，如果体现自我复制技术的专利产品具有除此以外其他合理的工业或者技术用途，应当对专利权人主张间接侵权的权利予以限制，不能仅因为购买者所提供的产品具有自我复制的功能，就要求其为次购买者的自我复制行为承担间接侵权责任。

为使技术中立原则充分发挥限制自我复制专利间接侵权认定中的作用，有必要对其进行两个方面的改进，以适当限制构成间接侵权的情形。

第一，拓宽具有非侵权用途的"普通商品"的范围。传统上，要构成"普通商品"必须是该领域的通用产品，应当处于公有领域而不受任何其他专利权的约束，使用者可以在市场上自由获得。[1] 然而，具有自我复制功能的产品本身即是"实现发明的关键要素"，原则上该产品受到该专利权的保护，因此本不属于"普通商品"的范围，可以构成间接侵权的对象。为了给予该专利产品更多的自由流通空间，在认定侵权时应采用更为严格的标准，将产品本身排除在间接侵权行为的对象之外。例如，虽然 3D 打印机可能受到专利权保护，而非市场当中可以自由获取的对象，购买者向第三人提供该打印机虽然可能会导致后者利用其进行自我复制，但是前者的行为不应构成专利间接侵权。

第二，限制构成引诱性侵权的情形。随着技术中立原则的发展，专利产品具有非侵权用途并非是免除其责任的充分条件。[2] 在版权领域的米高梅案中，法院认为使得帮助性侵权有可能基于主观因素的变化而转化为引诱性侵权，从而排除技术中立原则的适用。[3] 如果产品提供者不仅主观上具有促使购买者实施侵权性自我复制行为（利用了

---

[1]　版权与专利领域认定"普通商品"的区别在于：版权领域行为人所提供的复制作品的设备（如索尼案中的录像机）并非作品，不具有侵犯版权的可能性，因此属于版权法意义上的公共领域并且构成"普通商品"；而具有自我复制功能的产品本身可能受到专利保护，因而有可能属于专利法意义上的专有领域并且不构成"普通商品"。

[2]　张今："版权法上'技术中立'的反思与评析"，载《知识产权》2008 年第 1 期。

[3]　Metro-Goldwyn-Mayer Studios, Inc. v. Grokster Ltd., (04-480) 545 U.S. 913 (2005) 380 F. 3d 1154.

专利产品的技术功能）的目的，并且有明确的意思表示或者其他步骤予以激励，则会构成引诱性间接侵权。❶ 美国联邦最高法院认为此时没有适用"实质性非侵权用途原则"的余地。❷ 在自我复制领域，专利产品购买者应当知晓该产品具有自我再现的功能，并且利用该功能有可能构成专利侵权，方能引发引诱性间接侵权责任。结合第四章对引诱性侵权设定的行为模式，为了避免自我复制产品提供者承担过高的侵权风险，构成引诱性侵权的行为模式应仅限于若干特殊情形，例如，在销售合同中将对方使用产品的用途限制于自我复制，发放侵权性用途的使用说明资料，以及回购对方通过自我复制所获得的同一产品等。

（二）自动复制与人为因素

在被控侵权者并未实施干预行为的情况下，自我复制技术可以在一定程度上实现产品的自动复制。此时若认定被告构成侵权，会不合理地增加其侵权风险。因此，应当基于人为因素所起作用的程度对于构成侵权的情形加以限制。例如，基因序列可以在生物活体内通过生物循环自动地进行复制，表达为蛋白质并繁殖新的生物个体。鲍曼援引了"责备大豆"抗辩其行为不构成侵权，❸ 认为所购买的专利大豆已经体现了此后几代大豆的实质要素，只要不对储藏环境进行人为控制，大豆（及其基因序列）会自动复制或者发芽繁殖，因此实施自我复制的主体不是农民而是大豆本身。在 3D 打印领域，3D 打印机也可以在计算机软件的控制下实现自动的制造及组装新的 3D 打印机。

然而，美国联邦最高法院并未采纳鲍曼的抗辩，认为其并非消极的观察者，而是积极的实施者。❹ 其理由在于，鲍曼从谷商处购买大

---

❶ 在孟山都案中，鲍曼不仅向其他农民提供大豆作为再次种植的种子，而且向其传授如何利用该转基因大豆的抗除草剂功能，因而具有明显的诱导性。

❷ Metro-Goldwyn-Mayer Studios, Inc. v. Grokster Ltd., （04-480）545 U.S. 913 （2005）380 F. 3d 1154.

❸ Bowman v. Monsanto Co., 133 S. Ct. 1761 （2013）.

❹ Bowman v. Monsanto Co., 133 S. Ct. 1761 （2013）.

豆作为种子，在种植过程中喷洒除草剂杀除未转基因的杂草（这属于对转基因大豆专利功能的主动利用），选择播种和收获时间，收获了比原有数量多得多的大豆销往市场，并且保留种子做下一季的种植。因此，尽管在种植中存在自动复制基因的环节，但是人为因素仍然起着主导作用。当然，该法院同时也承认存在其他类型的自我复制技术，能够使得产品的复制过程超出购买者的控制范围，此时则不应由其承担专利侵权责任。

诚然，专利保护的对象涉及技术实施过程，但是其调整的仍然是权利人与实施者之间的利益关系，而非单纯的人与自然界的关系。笔者认为，有必要从以下三个方面对自我复制行为的专利侵权性质进行判别，如果被控侵权者的人为因素没有起到主导作用，则不构成专利侵权：（1）环境控制因素，包括是否由被告对自我复制的自然环境、技术功能和实施时机进行选择。美国联邦巡回上诉法院在审理孟山都案时，并不认为大豆已经体现此后几代的实质要素，进行再次种植也并非仅有的合理用途，因此是由被告进行有目的性选择的结果，应当构成侵权；[1]（2）复制目的因素，包括对产品进行复制的次数或者代数，产品复制的规模，以及是否在复制过程中利用了产品的专利特性。有学者认为应区分大豆种植中的"搭便车"者和转基因污染的受害者。例如，若转基因作物的遗传物质随着花粉传播，则所谓的"侵权"行为并未受到被告的控制。因此，应当对受专利保护的作物范围予以限制，以农民主动喷洒除草剂而利用抗除草专利功能的作物为限；（3）利益归属因素，包括是否将复制所得的专利产品出卖或者转售，并获取经济利益。如果并非由被告决定上述因素，则产品的自我复制属于自动复制过程，不构成专利侵权。3D 打印机被使用或者销售后是否给行为人带来经济利益将成为重要因素。

---

[1] Monsanto Co. v. Bowman，No. 10-1068 (Fed. Cir. 2011).

（三）不可避免复制的"三步检验法"

在自我复制行为中，为实现其技术功能可能会产生不可避免复制的现象。如果说自动复制行为表面上并非由被告实施，但是实际上还有可能事先得到控制，那么不可避免的复制行为则相反。此类复制行为表面上在实施者控制范围内，但基于技术原因并不能够避免使用，或者实施者若意欲排除会使得成本极高。在孟山都案中，美国联邦最高法院在结论部分论及了具有共同特点的自我复制技术，认为实施某些自我复制行为的目的是为实现其他的技术功能，并且在工艺过程中是"偶然而必不可少的"，其有必要享受专利侵权的豁免。

此时，美国版权法上针对计算机软件复制行为所设置的必要步骤抗辩可资借鉴。该法第 117 条（a）（1）项规定，如果软件的复制件或者改编件是在机器设备中使用软件的过程中不可避免会产生的，并且未以其他方式加以利用，则不构成对该软件的版权侵权行为。在 2010 年的欧克特公司案中，被告是计算机辅助设计软件 AutoCAD 的开发商，原告将所购买的软件安装到计算机中加以运行，为避免侵权风险而主动提起确认不侵权之诉。法院在该案中认为，为了存储计算机数据，必然会导致软件在存储器（RAM）中被复制，若因此判定购买者的复制行为构成侵权，将对其合理使用软件形成严重的威胁，因此应当适用必要步骤抗辩对其侵权责任的承担加以限制。❶

对此，可以借鉴版权法中关于合理使用判断的"三步检验法"规则，即如果自我复制行为符合以下三个要件，应当属于不可避免的复制，不构成专利侵权：（1）该复制行为是临时的。例如，在 1993 年匹克电脑公司案中，美国第九巡回上诉法院认为在存储器上永久性地复制音乐作品不能适用必要步骤抗辩。❷ 在 2008 年的卡通频道案中，美国第二巡回上诉法院也认为仅限于短暂瞬间的复制不构成侵权。❸

---

❶ Vernor v. Autodesk, Inc., 621 F. 3d 1102, 96 U. S. P. Q. 2d 1201 (9th Cir. 2010).

❷ MAI Systems Corp. v. Peak Computer, Inc., 991 F. 2d 511 (9th Cir. 1993).

❸ Cartoon Network L. P. v. CSC Holdings, Inc. 121, 536 F. 3d 121 (2nd Cir. 2008).

在孟山都案中，专利权利要求所保护的技术方案实际上是通过生物工程技术所得到的嵌合基因序列，而大豆在储存过程中即使没有产生新的个体，也必然会临时性地发生细胞的分裂和基因的复制，客观上属于对专利基因序列的"制造"。但是，由于此类"制造"是临时性且不可避免地会发生，因此不构成侵权。由上可见，不可避免的复制应当仅限于临时性的复制。❶（2）不属于实施者控制的范围之内。例如，在干细胞技术中，若其在病人体内进行分裂，则实施者无法通过技术手段加以控制，因而不构成侵权。然而，如果干细胞是在试管内进行培养的，则属于实施者可控制的范围❷。（3）不损害专利权人的合理利益。例如，对于细菌或者真核细胞等生物技术产品而言，如果购买者的复制行为仅限于自身使用，而并未违背行业惯例向第三方提供同样的产品，不会影响专利权人的利益，则可以认为不构成侵权❸。美国联邦巡回上诉法院在有机种子种植及贸易协会案中认为，考虑到微量专利侵权产品的制造者能够基于默示许可规则而获得侵权豁免，对不可避免的自我复制者可以比照适用。❹

小　　结

正如美国联邦最高法院在孟山都案中所指出的，自我复制技术未来将会"更为普遍、复杂和分化"❺，因此由其所带来的利益纠纷将

---

❶　参见马驰升："美国'云计算''数据流'技术的数字娱乐版权保护及其启示"，载《中南大学学报》（社会科学版）2014年第6期。

❷　Patrice P. Lean, Friedrich B. Laub, Protecting Self-Replicating Biotechnologies in View of Bowman v. Monsanto, Bloomberg BNA's Patent Trademark and Copyright Journal，2013，86：376.

❸　Patrice P. Lean, Friedrich B. Laub, Protecting Self-Replicating Biotechnologies in View of Bowman v. Monsanto, Bloomberg BNA's Patent Trademark and Copyright Journal，2013，86：376.

❹　Organic Seed Growers and Trade Association v. Monsanto Co., 718 F. 3d 1350 (Fed. Cir. 2013).

❺　Bowman v. Monsanto Co., 133 S. Ct. 1761（2013）.

成为专利制度需要着力面对的问题。不同领域的自我复制技术存在的差别，使得当事人在利益诉求方面会有所不同。3D 打印技术的实施不涉及农民权益保护等公共政策问题，更应严格适用限制专利权用尽的侵权行为认定规则。值得注意的是，如果需要对于现有的专利权用尽等规则设置例外情形，应当在立法层面予以明确，而非在司法审判中由法院自行适用，否则将会导致专利制度的不稳定和不可预见。我们有必要通过制度完善，探求平衡各方当事人利益的有效途径，以促进 3D 打印自我复制技术及其相关产业的发展。

第六章

3D 打印人体器官可专利性问题

3D 打印人体器官作为一项生物 3D 打印技术，是 3D 打印技术与生物技术的完美结合。如果说 3D 打印技术是皇冠，那生物 3D 打印技术就是皇冠上的明珠。[1] 我国有必要通过明确 3D 打印人体器官的可专利性及其审查标准，推进包括生物 3D 打印技术在内的新技术发展。

一、3D 打印人体器官技术及专利保护需求

（一）3D 打印与生物技术的特点

3D 打印技术和生物技术（包括人体器官制造技术）原本是相互独立并且平行发展的两个技术领域。随着技术的发展与融合，使得两者在人体器官制造方面产生了交汇，并同时促进了两类技术的发展和应用。与 3D 打印技术相对应，生物技术是一项将科学及技术应用于生命有机体，以及组成部分、产品和模型，以改变生命或非生命物质产生知识、产品和服务的综合性科学技术。生物技术产业被认为是 21 世纪最具发展潜力的产业，同时也是对专利保护依赖程度最高的技术领域。生物技术产业发展与生物技术专利保护呈现正相关的关系。

---

[1]　叶青："生物 3D 打印打开人体器官打印之门"，载《广东科技报》2014 年 6 月 27 日。

（二）3D打印人体器官的技术发展

利用 3D 打印机可以进行人体器官的打印制造，使得 3D 打印与生物技术得到有机的结合。目前，3D 打印在骨关节外科、血管外科、整形外科及器官移植等临床医学中的运用越来越广泛，诸如 3D 打印肾脏、胚胎、假牙、义肢等个体实例也在不断出现。❶ 3D 打印人体器官技术能够使用病人自身细胞来打印所缺损的器官，基本上没有排异反应的风险。例如，患者可以用自己的皮肤细胞打印一块新的皮肤，用于烧伤后的皮肤移植。

总体来说，通过 3D 打印技术制造出适合单个个体的人体器官，首先要对病人进行 CT 扫描，然后再根据计算机对细胞在每层组织中的位置进行分析，再根据分析结果使用生物打印机进行打印，最后将打印出来的器官放置于培养器中，使细胞能够融合。3D 打印人体器官存活最重要的因素是合适的器官内部支架和器官正常的供血。具体而言，3D 打印人体器官工艺的操作步骤主要为：将干细胞作为材料放入一个个球体中形成基本的打印单元，每层用生物纸（由另一个喷头所打印，主要成分是水凝胶）作为细胞生长的支架，接着各个球体被打印放置在生物纸上，逐层打印，层层堆积，形成 3D 多细胞或凝胶体系，然后将其置于生物反应器中培养，得到组织或器官。其中，水凝胶的前驱体为细胞提供生长和固定的环境，细胞在凝胶中可迁移、生长。❷ 3D 生物打印技术能够打印出复杂结构并提供具有血管化条件的物体，细胞打印技术与干细胞技术的结合，使得 3D 打印人

---

❶ 2011 年，荷兰一家生物 3D 打印公司 Layer Wise 为一名 83 岁的患者打印了一个移植到人体后还能够让颌骨肌肉再附着以及槽神经再生的下颌；2012 年世界上首例 3D 打印人体气管支架成功植入人体；2013 年美国康奈尔大学研究人员结合 3D 打印技术以及活细胞制成的可注射胶，利用牛耳细胞打印出与人耳几乎完全一样的假耳，可用于先天畸形儿童的器官移植；英国赫瑞瓦特大学首次实现了利用人类胚胎干细胞来打造移植用人体组织和器官，使 3D 打印材料实现了从动物细胞到人类胚胎干细胞的跨越式发展，最终使 3D 打印技术从无生物活性打印迈入生物活性打印时代。

❷ 王运赣、王宣：《3D 打印技术》，华中科技大学出版社 2014 年版，第 302 页。

体器官在临床医学中得到广泛应用。❶ 与现有技术相比，3D打印人体器官技术不仅可以制造与人体功能相同的器官，还可制造出超越人类器官原有功能的3D打印人体器官。例如，科学家利用3D打印机制造出的生物耳朵，不仅有触觉，还能听到超过人耳听力范围的无线电频率。3D打印人体器官逐渐从仿生演化到替代、升级，极大地推动人类自身的快速进化，具有显著的技术功能和伦理意义。

（三）专利保护需求

自20世纪90年代初以来，我国在生物3D打印技术领域取得了显著进展，已可以制造立体的模拟生物组织，为生物、医学领域尖端科学研究提供了关键技术支撑❷。相关技术的发展使得研发单位获得专利保护的需求逐步凸显。

专利权的授予和保护能为发明创造者带来激励，促使其投入更多资源进行技术开发和实施。专利法的功利主义立法目标已在传统工业领域得到实现，同时也将延伸到以3D打印为代表的新兴技术领域。3D打印人体器官专利可以为此类技术的发展提供激励机制，并且促使3D打印人体器官能够不断得到有效供应，有助于缓解器官移植中供体缺乏的世界性难题。

3D打印设备研制单位和生物技术企业均有可能进入3D打印人体器官产业领域并推动技术的发展。授予3D打印人体器官专利并给予保护，能够吸引资金的投入，激发技术创新，促进产业发展，增进社会的总体福利。同时，因为3D打印人体器官技术涉及疾病治疗，因此耗资巨大、研发时间长、成功率低，属于典型的高风险投资领域，只有专利保护才能吸引资金进行高风险的投资。此外，考虑到这一技术研发的成本过高，但仿制成本却相对较低的特点，充分的专利

---

❶ 李振化、王桂华："3D打印技术在医学中的应用研究进展"，载《实用医学杂志》2015年第7期。

❷ 王忠宏、李扬帆、张曼茵："中国3D打印产业的现状及发展思路"，载《经济纵横》2013年第1期。

保护将成为保证相关研发公司占有研发成果，降低竞争者仿制可能性的最重要手段。这种提取人体细胞打印并培植所得到的器官和打印中使用的方法分别属于产品专利和方法专利，以下将对其可授予专利的属性做具体分析。

二、3D 打印人体器官相关技术主题的可专利性

（一）3D 打印人体器官及其专利的伦理问题

1. 3D 打印人体器官的伦理问题

科学技术自产生之时起，其研发和实施过程已经对人类社会带来了直接或潜移默化的深刻影响，其中包括引发相应的伦理问题。毋庸置疑，科学技术对经济发展和生产效率的提高具有巨大的促进作用，但对科学技术与伦理之间的关系在理论和实践中都存在不同的看法。有观点认为科技与伦理是可以相分离的；有观点认为科技与伦理是统一的；也有观点认为科学与伦理存在两难困境，并且不可调和；还有观点认为科学的伦理后果在客观上是不可预测的。❶ 这几种不同的观点反映出科学技术与伦理是一个复杂的社会、文化问题。其具体表现在 3D 打印人体器官技术领域，若可以个性化地定制人体替代器官，固然将不再需要器官捐赠，人类将会在一定程度上摆脱疾病、残疾的困扰，但是因为 3D 打印所使用的材料是活生生的细胞，达到了生物层面，人们可以制造出作为自身组成部分的器官甚至是滥用所打印制造的器官牟利，这势必会引发严重的社会伦理问题。3D 打印人体器官技术的实施及获得专利保护绝非单纯的技术问题，而需要进行伦理思考和批判，对潜在的伦理风险予以规制。

生命具有不可复制性，但 3D 打印人体器官恰恰是在使用有限的技术手段去复制无限的生命系统，使得人造器官的可行性大大增加。而技术发展与人体尊严之间的主客体鸿沟是难以完全跨越的，这将是 3D 打印人体器官技术在今后纵深发展并广泛应用时所不得不面对的

---

❶ 参见赵万一：《民法的伦理分析》，法律出版社 2012 年版，第 299-301 页。

难题。如果利用 3D 打印等人工手段就能得到人体器官，将对生命伦理形成挑战，产生诸如移植打印的心脏与人体同一性问题，打印得到的器官与人体自身的器官有何不同等问题。换言之，3D 打印人体器官存在一定的伦理风险，对其化解之道应在于重新认识 3D 打印人体器官的法律属性。通常认为，法律上的物不包括活人的身体，否则有悖于承认人格的根本观念，使得主体与客体发生混同；人身体的一部分，自从身体分离之时起已不属于人身，此时可以成为权利的标的。❶ 依据这种观点，人体器官在与人体分离时属于民法上的物。但是，仅仅把人体器官作为物，却忽视了人体器官上所承载的人格利益，则不利于这类新型法益得到切实的保护。为此，可借鉴将人体基因界定为人格物的路径，将 3D 打印得到的人体器官界定为人格物。❷对 3D 打印人体器官人格物的法律属性界定，使涉及伦理、道德等方面的社会公共利益因素被纳入加以考量，避免了被动地对人与物做出非此即彼的选择，能够较好地反映并彰显人格法益与财产法益在人体器官载体上的结合，使器官供体上的人格权益和精神利益得到充分的关注与尊重。❸

2. 3D 打印人体器官授予专利的伦理风险

法律与伦理的关系在专利制度层面主要表现为专利授权制度构建是否需要考虑伦理问题，以及在决定授予一项发明创造专利权时，是否需要考虑伦理因素。在授予专利权的一些传统技术主题中并不涉及伦理问题，但是伴随着可专利技术主题范围的扩张，也会逐步带来许多新的伦理问题。对 3D 打印人体器官授予专利，人类的道德观、伦理观与价值观都会不可避免地受到冲击。人体是自然存在物，必然会

---

❶ 史尚宽：《民法总论》，中国政法大学出版社 2000 年版，第 250 页。

❷ 2006 年，朱苏力先生明确提出人格物的概念，以透过物之形式促使人格保护机制的形成，参见朱苏力："'海瑞定理'的经济学解读"，载《中国社会科学》2006 年第 6 期。冷传莉教授认为：人格物是指一种与人格利益紧密相连，体现人的感情与意志，其灭失造成的痛苦无法通过替代物补偿的特定物。参见冷传莉："论人格物的界定与动态发展"，载《法学论坛》2010 年第 2 期。

❸ 冷传莉："人体基因法益权利化保护论纲——基于'人格物'创设的视角"，载《现代法学》2014 年第 6 期。

在一定程度上受自然秩序的支配，包括人体器官的 3D 打印和移植也是如此。通过 3D 打印人体器官和对有缺陷的人体器官予以替换，强化人体器官的生命存续功能，必然打乱了原有人体器官自然秩序的功能安排，在自然秩序的模板上留下了人的意志的痕迹，将会对社会秩序带来巨大的影响。同时，每个人都是一个独特的不可复制的存在，3D 打印人体器官虽然是技术对人体器官的再造，不是生命本身，但它在移植到人体后可成为生命体的组成部分，有发展成为生命的潜力。而且对人体内提取的细胞进行技术再造，使人体器官等组成部分成为可授予专利的对象，有可能将生命甚至人推到专利的边缘，并使人成为可以买卖或者随意改变的客体，成为他人的私有财产，沦为实现商业利益的工具和手段。因此，在授予 3D 打印人体器官专利时，应从生命伦理的角度考虑尊重人的生命、生存权利和生命价值，并在此前提下充分利用 3D 打印人体器官技术为人类自身服务。

专利授权本身是需要考虑伦理规范的。对此，我国专利法引入了伦理道德审查的机制。我国《专利法》第 5 条第 1 款明确了有悖公序良俗的发明创造不具有可专利性，❶ 从授权条件的消极方面将伦理道德规范引入专利授权条件的审查标准中。同时，这也是传统民法的公序良俗原则在专利法领域的具体表现，是体系化的民事基本原则的自然延伸。基于该标准，诸如克隆人等有悖伦理规范的技术被排除在专利授予范围之外。其他国家也有相似规定，例如，《欧洲专利公约》第 53 条及《日本专利法》第 32 条等；❷ 《美国专利法》虽然并无明确的禁止性条款，但却通过在判例中将公序良俗解释为实用性的方式

---

❶ 我国《专利法》第 5 条第 1 款规定：对违反法律、社会公德或者妨害公共利益的发明创造，不授予专利权。

❷ 《欧洲专利公约》第 53 条："欧洲专利权不应该授予其公开和实施与公共秩序或者道德相违背的发明，发明的实施仅为部分缔约国或所有缔约国的法律或法规所禁止不能认为是违背了'公共秩序'或者道德"；《日本专利法》第 32 条："可能有害于公共秩序、善良风俗和公共卫生的发明不能授予专利权。"

引入伦理道德规范。❶ 欧盟在首次提出《生物技术发明法律保护指令》（以下简称《生物技术指令》）时，便遭到强烈反对，直至指令增加新条款强调重视生物技术发明专利的伦理问题后才得以最终通过。❷

3D打印人体器官是机遇与风险并存的，对其授予专利既要考虑它的技术性和经济性，但同时也要考虑其伦理性。如果仅从纯功利主义出发来看待3D打印人体器官，将会产生严重的伦理问题。法律上排除可授予专利技术主题的主要考虑因素，也是人与自然的和谐共存以及生态伦理和社会伦理对技术实施的影响。但是，这并不是我们拒绝授予3D打印人体器官专利的充分条件，需要进一步地厘清该技术的可专利属性，并对授权标准加以明确，从而为其提供合理的专利保护。

（二）可授予专利的3D打印人体器官相关技术主题

3D打印人体器官技术兼具3D打印和生物技术的性质。其中，3D打印所得到的人体器官作为产品发明更为具有生物技术的属性，而3D打印人体器官的方法则更为具备3D打印增材制造技术的性质。因此，在判断该技术的可专利性时，对于人体器官本身应当将其与其他生物技术（如微生物、基因序列等）进行类比，而对于3D打印工艺方法而言则应与生物学培植人体器官的其他方法进行对比，从而得出相应的可专利性标准。

3D打印人体器官要获得专利保护，必须协调研发企业利益与社会公共领域中的伦理道德二者间的关系，这与我国逐步重视生物技术产业发展的政策导向也是密不可分的。同时，欧盟《生物技术指令》以及《欧洲专利公约》等规范性文件可提供借鉴。在授予3D打印人

---

❶ 在1817年的 Lowell v. Lewis 一案中，Story 法官认为："法律的全部要求就是发明不应当损害社会的安宁、良好的政策和健康的道德。因此实用性一词是与无害或非不道德联系在一起的。"参见张晓都：《专利实质条件》，法律出版社2002年版，第59页。

❷ 胡波：《专利法的伦理基础》，华中科技大学出版社2011年版，第190页。

体器官专利权时需对审查标准严加把握，创设一条既促进 3D 打印技术发展，又充分考量伦理道德因素的路径，以此缓解技术与伦理的矛盾。

1. 3D 打印所得人体器官的可专利性

3D 打印所得到的人体器官因可以移植于人体内，并成为人体的组成部分，其本身具有可专利性。尽管 3D 打印所得人体器官与患者自身天然拥有的相应器官在生物学功能上具有高度相似之处，但是前者毕竟属于人造物而非天然物，因此可以授予专利权。

域外国家和地区虽然对生物技术授予专利持谨慎态度，但是并未否定通过 3D 打印等人工介入方法所获得的人体器官可以授予专利。《生物技术指令》中认可人体组成部分作为合格专利主题。该指令第 5 条第 1 款虽然重申了对于自然物质的单纯发现不能授予专利权，但第 2 款却明确规定"脱离人体或者通过技术方法而产生的某种元素可以授予专利"[1]。换言之，对于可移植于人体的生物材料，同样为适格的可专利性主题。[2] 2005 年，德国为实施该指令修改专利法时，也允许对此类主题授予专利。

而在美国专利法上，对生物材料的可专利技术主题并无明确的限定，主要是由判例法推动。美国对于生物体及其组成部分授予专利的正当性判断出现过反复，尤其是对于经过人类分离、纯化的天然基因是否属于自然物质以及能否授予专利产生过摇摆。1980 年美国联邦法院认为可专利客体及于"阳光下任何人造之物"[3]，对其范围的解释既包括人工培植的微生物品种，也包括从人体分离得到的器官。但

---

[1] 欧盟《生物技术指令》第 5 条第 1 款规定：在其形成和发展的不同阶段的人体，以及对其某一元素的简单发现，包括基因序列或基因序列的某一部分，不构成可授予专利的发明。第 2 款规定：脱离人体的或者通过技术方法而产生的某种元素，包括基因序列或基因序列的某一部分，可以构成可授予专利的发明，即使该元素的结构与一个自然界的结构完全相同。

[2] Matthias Herdegen, Patents on Parts of the Human Body: Salient Issues under EC and WTO Law, Journal of Intellectual Property, 2002, 5 (2): 150.

[3] Diamond v. Chakrabarty, 447 U. S. 303, 308-09, 206 USPQ 193, 197 (1980).

是，同样是美国最高法院，在 2013 年的麦里德生物技术公司专利案❶中取消了两项基于人类基因而授予的专利，并且美国专利商标局随后也修改了专利审查的标准以适应该判决的意见。当然，该项判决在反驳专利权人意见的同时，也认为现有的专利法律不允许对人体组织授予专利，但是根据该判决的意旨，通过人工手段获取的生物体及其组织应当不被排除授予专利的可能性。

在我国，同样也认可从人体分离出来的产品是可以获得专利的。❷考虑到 3D 打印人体器官主要是通过生物 3D 打印技术，对人体中提取的细胞加以技术化处理，并且最终打印得到的人体器官是与人体相分离的，只是嗣后移植到人体后又可以成为人体的组成部分，因此，我国授予其产品专利的技术主题范围与欧盟、美国的做法是相一致的。

2. 3D 打印人体器官方法的可专利性

我国对疾病的诊断与治疗方法不授予专利，然而 3D 打印人体器官方法与此并不相同。❸ 3D 打印人体器官的工艺方法能够促使新的诊断、治疗方法不断产生，但该方法本身却并不是疾病诊断与治疗方法。人造人体器官方法的直接目的并不是获得诊断结果或健康状况，而是对已经与人体或动物体分离的细胞、组织进行生物处理，以获取治疗疾病的人体器官。同样，虽然 3D 打印人体器官方法的最终目的是治疗疾病，但是该方法本身的目的是打印出适合人体需求的器官。因此，3D 打印人体器官方法不属于疾病诊断与治疗方法。

实际上，3D 打印人体器官方法属于非生物学的制造方法，应当

---

❶ Association for Molecular Pathology v. Myriad Genetics，33 S. Ct. 2107；186 L. Ed. 2d 124，2013 U. S.

❷ 彭立静：《伦理视野中的知识产权》，知识产权出版社 2010 年版，第 270 页。

❸ 诊断方法是指为识别、研究和确定有生命的人体或动物体病因或病灶状态的过程，要求必须以有生命的人体或动物体为对象，以获得疾病诊断结果或健康状况为直接目的。治疗方法是指为使有生命的人体或动物体恢复或获得健康或减少痛苦，进行阻断、缓解或者消除病因或病灶的过程。治疗方法包括以治疗目的或者具有治疗性质的各种方法。

属于能够获得专利权的技术主题。❶ 欧洲专利局在其审查指南中指出，一种方法是否"实质上是生物学的"取决于在该方法中人的技术性参与程度，如果人的参与在决定或控制所希望获得的结果中起到重要作用，该方法就不应从可专利性主题中排除。❷ 我国对"主要是生物学的方法"与欧洲专利局的审查指南中对"实质上是生物学的"解释是一致的，都对主要是生物学的方法不授予专利权。在 3D 打印人体器官方法中，人类发明的技术性参与程度很高，对最后成型的人体打印器官起到了主要的决定性或控制性作用，因而属于可以获得专利授权的非生物学制造方法。

三、授予 3D 打印人体器官专利的"三性"标准

《与贸易有关的知识产权协定》第 27 条第 1 款明确规定："一切技术领域的任何发明"，只要符合"三性"，即新颖性、创造性和实用性，均应有机会获得专利保护，不得因技术领域而限制发明的"可获专利保护性"。该"三性"属于广义的可专利性范畴，发明创造要获得专利授权就必须予以满足。❸ 其具体判断标准既依赖于发明创造人与社会之间的利益平衡，也依赖于国家宏观产业和技术政策的价值取向；既不可避免地受国外立法与司法政策的影响，同时也还受到世界

---

❶ 我国《专利法》第 25 条第 4 款规定：对动物和植物品种的生产方法可以授予专利权，但这种生产方法只能是非生物学的方法，不包括生物学的方法。区分一种方法是否属于"主要是生物学的方法"，取决于在该方法中人的技术介入程度。如果人的技术介入对该方法所要求达到的目的或者效果起了主要的控制作用或者决定性作用，则这种方法不属于"主要是生物学的方法"。参见国家知识产权局《专利审查指南》（2010 年版）第二部分第一章第 4.4 节。

❷ 张晓都：《专利实质条件》，法律出版社 2002 年版，第 260 页。

❸ 我国《专利法》第 22 条规定：授予专利权的发明和实用新型，应当具备新颖性、创造性和实用性。新颖性，是指该发明或者实用新型不属于现有技术，也没有任何单位或者个人就同样的发明或者实用新型在申请日以前向国务院专利行政部门提出过申请，并记载在申请日以后公布的专利申请文件或者公告的专利文件中。创造性，是指与现有技术相比，该发明具有突出的实质性特点和显著的进步，该实用新型具有实质性特点和进步。实用性，是指该发明或者实用新型能够制造或者使用，并且能够产生积极效果。本法所称现有技术，是指申请日以前在国内外为公众所知的技术。

专利制度发展趋势及国际公约的制约。

（一）实用性的判定标准

在对发明专利申请进行实质性审查时，审查员一般首先会对实用性进行审查，如果申请专利的技术主题不具备实用性就无须再评价其新颖性和创造性。一项发明是否具有实用性，应当看其能否在产业上制造或使用并解决技术问题，以及能否达到积极和有益的效果。所谓"在产业上制造和使用"是指发明能够通过产业中的标准化模式被稳定地再现，换言之，即是发明所属领域的技术人员能够根据说明书描述的技术内容，稳定地重复实施技术方案并达到相同的实施结果。❶

对于 3D 打印人体器官技术而言，本领域技术人员应当能够根据专利申请文件所公开的技术内容，重复获得 3D 打印人体器官，反复实施并应用于人体器官移植中，进行器官修复或替换病损器官。这种重复实施不能依赖任何随机因素，能够在产业上制造和使用，并能解决传统器官移植中生物相容性差、植入人体后会产生免疫排斥反应的技术问题，可产生减轻患者痛苦、降低手术风险的积极效果。换言之，3D 打印人体器官本身作为最终打印出来的产品，在医疗器械产业中能够制造，并且能够解决技术问题；同样，3D 打印人体器官方法在医疗器械产业中也能够制造，并且能够解决技术问题。例如，对于 3D 打印人造肝脏、人造肾脏而言，目前虽还不能用于真正的体内移植，但可以用小白鼠和猴子代替进行药物筛选，由此确认该技术发明能够产生相应的预期效果。因此，3D 打印人体器官本身及技术符合我国的实用性判断标准。

当然，获得专利授权的 3D 打印人体器官技术应当能够适用于相当人数的患者，而不能仅限于个别患者的器官，否则不具有产业上应用的重复利用价值。另外，具备实用性与能够直接进行规模化生产并符合应用于临床的市场准入标准是不同的。即使利用该 3D 打印技术所制造的人体器官上移植于人体尚有一定的排异反应，也属于在产生

---

❶ 王迁：《知识产权法教程》，中国人民大学出版社 2014 年版，第 320 页。

有益效果时的负面影响，并不代表其没有实用性。

在生物技术领域，实用性标准对划分可以获得专利的发明与不可以获得专利的科学发现之间的界限具有突出作用，因此确定恰当的实用性具体审查标准就变得更为重要。在美国，布雷纳诉曼逊案确立了生物技术专利实用性的判断标准，即发明必须具有"明确实用性"和"实质实用性"。❶这一标准也体现在 2001 年美国专利商标局（USPTO）颁布的《实用性审查指南》中，并适用至今。因此，美国的实用性要求只需要发明人公开该发明可得到的某一实际的或真实的益处，也就是某一具体的、实在的和可信的实用性。❷ 对于 3D 打印人体器官技术而言，申请人必须至少为该产品或方法描述一项可信的或公认的具体而实在的用途；如果没有提供具体与实在的用途则发明不具有实用性。❸ 与美国的判断标准不同的是，我国生物技术专利实用性的判断标准自成体系，主要强调"能够制造或使用""重复实施""再现""积极效果"等，并且不应属于明显无益的发明创造。尽管如此，美国专利法中的实用性判断标准仍值得借鉴。3D 打印多数用于个性化制造不等于其不具有产业制造的可能性，因此不能否认其具有实用性。

（二）新颖性的判定标准

申请专利的发明须具有新颖性才能被授予专利，这是由专利制度的性质所决定的。专利制度的主要作用在于赋予发明创造人专利权这一垄断性权利，以保障其获得经济回报，从而换取发明创造人将新技术公之于众，并鼓励更多的人投身于发明创造活动。因此，获取专利的发明应当是新颖的，是为人类知识宝库做出了贡献。如果一项技术方案早已为人们所知，则不需要通过给予任何人垄断权来换取公开。一项发明必须满足以下两个条件才具有新颖性：一是该发明没有落入

---

❶ Brenner v. Manson，383 U. S. 519（1966）.

❷ 蔡晓东："论美国专利侵权的不公平行为抗辩"，载《中南大学学报》（社会科学版）2012 年第 3 期。

❸ 张晓都：《专利实质条件》，法律出版社 2002 年版，第 317—318 页。

现有技术的范围，二是不存在抵触申请。❶ 从各国立法规定来看，判断新颖性是以已经公开的现有技术为依据的专利法上的"现有技术"，是指在专利申请日之前在国内外为公众所知并且实施的技术方案。审查新颖性时，关键在于审查专利申请的技术方案与对比文件的技术方案是否实质上相同。在与现有技术进行对比时，只能用一份对比文件中记载的一项现有技术与发明专利申请的技术方案进行对比，而不能将一份或者多份对比文件记载的多项现有技术的组合作为对比的基础，即所谓的单独对比原则。❷

就 3D 打印所得到的人体器官而言，不应当仅因为有关患者天然具有的相应器官具有相似的结构和功能而否定其新颖性，因为毕竟人造器官在使用寿命和生物活性等方面仍然存在差别。而 3D 打印人体器官工艺方法的新颖性则需要进行严格判断，需要在 3D 打印方法及其在人体器官中的应用有不同于现有技术之处时方符合标准。对生物技术专利进行新颖性审查时，还应当注意的是：对于已知在自然界中存的在并且现在可通过人的干预而合成生成得到的物质或者组合物，不能简单地认为由于是以一种新的途径获得的，该合成物就被认为是新的。

3D 打印技术得到的器官与 3D 打印人体器官方法本身的技术特征之间存在直接关系。例如，3D 打印人体器官技术要想让打印出的细胞结构具备生物功能，需克服诸多困难，而这些困难的解决依赖于 3D 打印人体器官方法本身的技术特征上的突破，因而如果前者具有新颖性则后者也必然有了新颖性。因此，3D 打印得到的人体器官本身不同于患者自身的器官，而具有新颖性。

（三）创造性的判定标准

创造性是专利授权审查标准的核心。如果说新颖性标准的目的是

---

❶　抵触申请是指没有同样的发明在申请日以前向专利局提出过申请，并记载在申请日以后公布的专利申请文件或者公告的专利文件中。

❷　王迁：《知识产权法教程》，中国人民大学出版社 2014 年版，第 313 页。

防止将现有技术授予专利的话，那么创造性标准则是为了避免毫无创意的、平庸的技术方案甚至是改头换面的现有技术得到专利权保护。❶ 审查发明是否具备创造性，应当审查发明是否具有突出的实质性特点和显著的进步。所谓的"实质性特点"，通常是指该技术方案对普通技术人员而言是非显而易见的；所谓的"显著的进步"则是指发明具有意想不到的有益技术效果。❷ 创造性要求使得相同领域的技术人员可以自由获取和使用那些基于现有技术而无须创造性劳动就能够获得的新技术，其审查的基本方法是要求普通技术人员对发明和现有技术进行对比，以确定是否存在"实质性特点和显著的进步"。

我国《专利审查指南》基本上是采用欧洲专利局的"三步法"：首先确定最接近的现有技术，这是创造性审查的起点；然后确定发明的区别特征和发明实际解决的技术问题；最后判断要求保护的发明创造及其技术效果对本领域的技术人员来说是否显而易见。其中，对普通技术人员的确定、最接近的现有技术方案的确定以及"非显而易见性"的判断是其核心要素。当然，在判断发明创造性时，还需要考虑作为创造性辅助证据的其他因素，比如，发明解决了人们一直渴望解决但始终未能解决的技术难题，或者发明取得了预料不到的效果或商业上的成功等。

在 3D 打印相关的生物技术领域，创造性标准要求发明与现有技术相比具有本领域技术人员预料不到的技术效果。这有赖于确定现有技术的范围和内容，找出现有技术和当前权利要求之间的区别，确定相关技术领域内普通技术人员的水平。具体而言：如果权利要求请求保护的技术方案与最接近的现有技术相比存在区别技术特征，而现有技术中并未给出将该区别技术特征引入所述最接近的现有技术中以解决有关技术问题的启示，而且该区别技术特征的引入使得该权利要求的技术方案产生了有益的技术效果，则该权利要求的技术方案具有突出的实质性特点和显著的技术进步，具备创造性。

---

❶ 郑国辉：《知识产权法学》，中国政法大学出版社 2010 年版，第 229 页。

❷ 参见国家知识产权局《专利审查指南》（2010 年版）第二部分第四章：创造性。

首先，3D 打印人体器官技术的创造性需运用普通技术人员所属领域的技术水平予以判断。在确定 3D 打印人体器官技术中所属领域的普通技术人员的技术水平时，技术发明人的教育水平、技术方案所要解决的问题、现有技术提供的解决该问题的方案、发明完成的速度、技术的复杂程度、相同领域活跃分子的教育水平等都是需要予以考虑的因素。❶ 例如，在 3D 生物打印领域，多数专家和技术工作者都认为，3D 打印人体器官技术虽具有高精度、高效率、按需打印以及解决免疫排斥反应等诸多独特优势，但同时也存在不少技术难题，比如，其所需打印材料除了应具有一般生物材料良好的生物相容性和可降解性外，还要具有可打印成型及在成型后支架能保持适宜的力学强度和生物活性等性能，而目前能够同时满足这些要求的生物材料的选择性较少。3D 打印人体器官技术对这些技术难题的解决正集中体现出其创造性。

其次，在确定 3D 打印人体器官技术中相关现有技术时，"最接近的现有技术"应作为判断的出发点。作为对比的现有技术方案可能是一项，也可能是多项。如果只是一项，则着力考虑从该技术方案到专利技术方案对普通技术人员而言是否需要创造性劳动；如果是多项，则是否能够将这些技术方案结合在一起加以比对。❷ 3D 打印人体器官技术在和已知技术相比时，如果具有一些不被预期的特性，那么该技术具有创造性。该领域技术人员无法预期上述效果，并不包括发明人在完成发明时经过有限次实现和合理推论可以预期的成功，而是指他们能够具有对该成功的合理预期。

最后，在确定普通技术人员标准和现有技术之后，对 3D 打印人体器官技术方案是否显而易见的判断将成为关键。此时，审查人员可从多份相关的技术方案中，挑选一份作为比对基础，然后再结合其他相关技术方案。如果此种结合能够得到专利申请的技术方案，并且结合方式是"显而易见"的，则该技术发明不具有创造性。

---

❶　Environmental Designs，Ltd. v. Union Oil Co. ，713 F. 2d 693，696 (1984).

❷　崔国斌:《专利法——原理与案例》，北京大学出版社 2012 年版，第 259 页。

值得注意的是，3D 打印得到的人体器官虽然与患者患病前完好的器官相比功能稍差，但是与患病之后的器官相比则具有功能上的优势。而且，与传统批量生产的无生物活性人工器官相比，3D 打印人体器官不仅个性化程度高、生物相容性好，且植入人体后不会产生免疫排斥反应。同时，在材料性能和加工技术方面的突破使得 3D 打印人体器官与以往传统替代物相比具有极其显著的技术进步。以 3D 打印人工骨骼为例，与传统替代物或假肢相比，采用可降解支架材料，不仅使得人工骨骼能够成为人体的器官的一部分，参与新陈代谢和生长，而且还具有和人体骨骼一致的形状和力学性能、一致的功能梯度，这些突出的实质性特点和有益的技术效果。❶ 使获得有别于传统工艺的新型人体器官替代物成为可能，是 3D 打印人体器官及其技术创造性的集中体现。

在以上三步的审查环节中，3D 打印人体器官技术专利申请人都不需要主动证明其发明存在创造性，只是在遭到质疑需要反驳时，才需提供证据加以反驳。在对 3D 打印人体器官可专利性范围进行具体审查时，除了参照《专利审查指南》对基因等生物技术发明类型的审查标准外，还应结合 3D 打印人体器官的自身特点，根据专利授权要件判断标准的一般原则进行具体分析。在这"三性"中，创造性是专利审查标准的核心，如果说新颖性主要强调的是发明的形式标准和直观标准的话，创造性则是发明所应具有的实质性标准。因此，对 3D 打印人体器官可获专利认定的标准不仅不应放宽，还须重点加大对创造性的审查和评价。

小　　结

3D 打印人体器官技术的可专利性，尤其是其与公共秩序或者道德的关系是生物技术产业发展中一个令人关注的议题。我国在制定生

---

❶ 王镓垠、柴磊等："人体器官 3D 打印的最新进展"，载《机械工程学报》2014 年第 23 期。

物技术领域的专利授权政策时应当采取较为积极的态度，对 3D 打印人体器官本身和 3D 打印人体器官的新方法给予专利授权。在 3D 打印所得到的人体器官方面，对其可专利性和技术实施行为应该制定更加严格的监管程序，以阻止未经许可地克隆其他人的器官或者随意打印生物体。3D 打印人体器官技术专利授权"三性"判断标准将直接影响到 3D 打印人体器官技术专利的授权内容及授权范围等实质性内容，进而对 3D 打印人体器官技术产业的发展产生重要的影响。合理的 3D 打印人体器官技术授权标准将为 3D 打印人体器官技术产业的健康发展提供动力和保障。

尽管专利制度在很大程度上随着科技的发展不断进行调整，但专利法律规则的制定归根结底是法律与公共政策在高科技发展方面的博弈，需要全面体现专利法的精神实质和掌握法律在平衡各方利益、维系公平正义方面的作用。❶ 在 3D 打印人体器官技术这一高新领域的法律规制方面，需要更多地考虑产业发展、公共利益及伦理道德等诸多因素，在法律、技术与伦理道德的三维中构造出一个承载人格法益与财产法益的人格物，以解决价值冲突和取舍问题。

---

❶　管育鹰：《知识产权法学的新发展》，中国社会科学出版社 2013 年版，第 96 页。

第三篇 3D 打印著作权法问题

第七章

3D 打印设计图可版权性问题

一、著作权法应对 3D 打印技术存在的不足

作为"技术之子"，著作权的发展变革与技术，特别是复制传播技术的发展息息相关。传播复制技术的每一次跨越式发展和普及，都会给传统的著作权制度带来一系列的问题和挑战，在一定程度上使著作权人面临失去对作品的控制的危险，而著作权制度被迫改变其规则以适应传播技术的发展。

与数字网络时代人人均可能成为作品的传播者一样，3D 打印快捷"打印"产品的特性引发了诸多著作权问题。3D 打印技术使得产品的制造和传播更为便利，但是也使得未经产品设计人许可而实施制造行为的可能性增加，构成对权利人市场利益的严重挑战。在 3D 打印技术出现并广泛应用之前，根据产品设计图制造产品的主要是规模化的生产制造企业，对于其批量生产的行为，可以根据专利法等有效地提供保护。然而，3D 打印使得产品制造行为更为简便，传播更为迅速，经济和技术门槛显著降低，也更为容易在普通消费者中实施，专利法注重控制制造和销售环节的取向使其应对此类制造行为显得力不从心。

著作权保护具有自动保护和成本较低的特点，仍然是 3D 打印产品设计图创作者的首选。2011 年发生的乌尔里希·施瓦尼茨（Ulrich Schwanitz）事件是历史上首个基于 3D 打印设计向网站发出的侵权移除通知。他在 Shapeways 网站上公布了一段视频，说明其已经设计

出了彭罗斯三角的 3D 模型，并且可以达到效果。另外一个年轻的 3D 打印发烧友阿图尔·特奇卡诺夫（Artur Tchoukanov）也开发出了彭罗斯三角的 3D 模型并上传到 Thingiverse 网站上，乌尔里希·施瓦尼次随后发出移除通知。❶ 由此可见，对于 3D 打印产品设计图数据模型的保护是以著作权为核心展开的。

近年来，国外频频出现 3D 打印因为著作权问题而被叫停的事件，再一次引发了人们对于 3D 打印时代完善著作权制度的思考。有学者认为，著作权制度将在决定 3D 打印应用前景方面发挥核心作用。❷ 同时，其快速发展不能不引发人们对传统著作权能否包容这一新兴技术的担忧。不出意外的，极端怀疑论者"知识产权的终结"的论调又已喧嚣尘上。❸ 因此，应当深入分析 3D 打印时代，我国著作权制度面临的困境并探索其出路。

3D 打印领域保护产品设计图著作权的两个主要问题包括：3D 打印产品设计图是否构成著作权法上受保护的作品；根据产品设计图 3D 打印制造产品是否属于著作权法意义上的复制行为，以及是否需要为这种复制行为提供法律保护。只有在这两个问题上得出肯定的意见，权利人才能够有效利用产品设计图著作权禁止使用者（包括经营者和个人使用者）未经许可地通过 3D 打印制造并使用产品。本章和下一章将分别对两个问题加以探讨。例如，3D 打印的设计图纸是否能构成作品？根据设计图打印实物的行为是否构成著作权侵权？而现

---

❶ Brian Rideout，Printing the Impossible Triangle：The Copyright Implications of Three-Dimensional Printing，The Journal of Business，Entrepreneurship and the Law，2011，(1)：161-177. 但是 Ulrich Schwanitz 并没有说明对方侵犯了其哪项作品著作权，是模型结构、3D 设计文档还是 Penrose triangles 的影像。然而，在该事件中，涉嫌侵权的 Tchoukanov 并未直接抄袭 Schwanitz 的模型，因为后者拒绝在网上公布和提供其 3D 设计文件，因此 Tchoukanov 属于独立开发，不构成侵权。而且 Tchoukanov 已经将其设计的文档释放到了公有领域。

❷ Brian Rideout，Printing the Impossible Triangle：The Copyright Implications of Three-Dimensional Printing，Journal of Business，Entrepreneurship and the Law，2011，5：176.

❸ 参见［英］Christopher Barnatt：《3D 打印：正在到来的工业革命》，韩颖、赵俐译，人民邮电出版社 2014 年版，第 153-155 页。

在 3D 打印机要普及到家庭，最大的障碍并不是价格，而是各种素材，即可供用户打印的模板或设计——可供 3D 打印的设计图，那么使消费者能够快速获得其需要的产品设计的设计者，是否可以获得类似于录音录像制作者的邻接权保护？有必要从这些问题出发，并结合著作权保护的基本理念及 3D 打印产业发展实践，探讨以产品设计图为核心的 3D 打印著作权问题。

二、产品设计图属于作品

（一）"产品"并非受保护的作品

传统意义上，著作权法所保护的作品的主要作用，是通过文字、色彩、形体、声音乃至场景等元素，表达某种思想情感，传递某些知识信息，满足人们阅读、欣赏、学习知识、传递信息等精神上的消费需求，如小说、音乐、绘画等作品。因此，大陆法系要求作品必须存在个人的智力创作或个性。但是著作权法的客体范围随着技术的发展一直处于不断扩张的状态，并且将与文学艺术作品截然不同的科学领域内的智力成果纳入保护范围。[1] 实践中，满足人们生产生活等物质需求的产品与精神文化追求之间并不必然矛盾，即能够满足人们精神需求的"作品"与满足人们物质需求的"实用成果"之间往往难以截然划分。特别是一些工商业领域的成果，如科技生产活动中通过平面或立体的设计、展示成果，在服务于特定科技生产活动的同时，也可以供人们学习欣赏，具有满足人们知识获取、信息传递等精神消费的功能。[2] 此外，著作权法不要求作品具有艺术高度或价值，因此即使创作作品并不是为了对作品本身进行欣赏，作品整体上或部分上不具有一般意义上的审美意义，只要该作品并不是对已有作品简单的复

---

[1]　《伯尔尼公约》第二条将"与科学有关的设计图"列为受保护的作品；我国《著作权法实施条例》第二条亦明确表示"科学领域"内的智力成果可以构成作品，因此为产品设计图、实用艺术品等作品受著作权法保护扫清了障碍。

[2]　参见杨利华："功能性作品著作权保护制度研究"，载《知识产权》2013 年第 11 期。

制、模仿，就有可能获得著作权的保护。

狭义的 3D 打印产品设计不能构成美术作品。广义的 3D 打印产品设计图中有部分具有审美价值，属于美术作品，但是更多的则是艺术性与功能性相结合的设计，或者是纯功能性设计。对于后两类设计而言，体现创作者个性化思想观念的表达所占成分不高，不能作为美术作品加以保护。❶ 产生该现象的原因有两方面：一方面，参与 3D 打印产品设计的主体既包括专业设计人员，也包括普通消费者，而后者的创新能力较弱；另一方面，某些产品的技术功能决定了其物理结构和形状。例如，汽车轮胎的外形均为圆形的，难以将其设计成方形或者其他形状，设计人员只能在轮胎花纹上进行有限的创新。

著作权法上产品设计图所指的"产品"，是不属于美术作品、建筑作品、实用艺术作品、摄影作品的实物品，而产品设计图是在"产品"不构成作品的情况下一种单独的作品类型。❷ 产品设计图作为作品，实乃著作权法中的"异类"，因为与传统作品主要用于满足人们阅读欣赏等精神、文化消费需求不同，其产生和存在的目的在于"为生产而绘制"，即其必须首先满足实用功能要求。❸ 也正是由于这一特性将图形作品与美术作品区别开来。在创作目的方面，绘制产品设计图不是为了对图形本身进行欣赏，而是为了使得人们能够按照设计图制造产品，这如同音乐作品、戏剧作品所保护的乐谱和剧本创作的最终目的不是为了阅读，而是为了演奏或者表演供人欣赏那样；❹ 在内容方面，这类设计图所表示的产品在整体上或者部分上均不具有审美意义，主要是利用自然规律、采用技术手段，并实现技术效果的产品设计；在形式方面，产品设计已经通过线条或者色彩等要素对产品

---

❶ 参见王迁："论著作权法保护工业设计图的界限——以英国《版权法》的变迁为视角"，载《知识产权》2013 年第 1 期。

❷ 对产品设计图对应的"产品"作扩大化理解适用，包括以三维形式表现的纯艺术作品以及实用艺术品。而根据我国《著作权法》的规定，由于"图形作品"与"美术作品"属于不同的作品类型，因此产品设计图对应的"产品"并不包括美术作品和可作为美术作品受保护的"实用艺术品"，而只包括不受著作权法保护的工业品。

❸ 《著作权法实施条例》第四条第（十二）项。

❹ 参见郑成思：《知识产权论》（第三版），法律出版社 2003 年版，第 251 页。

外部形状或者内部构造以图形（也可以是能够转变为图形的参数）方式表达出来，以便于复制和模仿。

（二）产品设计图属于作品

3D打印设计图属于用于"打印"产品的蓝图，因此可纳入图形作品的范畴，以其对线条、色彩、比例、角度、光影、背景等要素的自由选择体现独创性。因此，无论3D打印的产品是否属于作品，其设计图本身都可以作为图形作品受到我国著作权法保护，而在美国版权法中，技术绘图和图解则属于美术作品的范畴。❶

产品设计图作为3D打印开放创新的核心要素受到著作权的保护，尤其是美术作品或者建筑作品的设计图与作品能够获得同样的保护。在我国，对于功能性产品的设计图可以作为图形作品受到保护。我国《著作权法》第3条对自然科学和工程技术领域的图形作品加以保护，将产品设计图与工程设计图、模型等均视为作品，对其进行复制的行为构成侵犯著作权。《伯尔尼公约》在规定受保护的作品时，将"科学有关的设计图、草图及造型作品"等也纳入其中。

在采用版权法体系的英美法系国家，由于侧重保护权利人的经济权利而非精神权利，对于工程技术领域的设计图更多地纳入美术作品或者艺术作品加以保护。在美国版权法上，产品设计图被称为技术绘图和图解，作为"绘画、刻印或者雕塑"等美术作品来加以保护。❷《美国版权法》第101条保护技术绘图，3D打印CAD设计图应当作

---

❶　我国《著作权法》将图形作品单独开列主要是根据其与美术作品的创作目的不同而进行区分的，即图形作品具有明显的实用性，而美术作品则主要出于审美目的，实际上两者的构成要素是大致相同的，如线条、色彩等。参见郑成思：《知识产权论》（第三版），法律出版社2003年版，第51页。

❷　参见《美国版权法》第101条关于"绘画、刻印和雕塑作品"的定义："Pictorial, graphic, and sculptural works" include two-dimensional and three dimensional works of fine, graphic, and applied art, photographs, prints and art reproductions, maps, globes, charts, diagrams, models, and technical drawings, including architectural plans.

为此类作品加以保护。❶ 2010 年的弗莱斯斯特案进一步明确了对技术绘图的保护，但是将权利内容限制在对图形作品本身的复制，而不能延及其所蕴含的产品设计，因此根据图形作品制造产品并不构成侵权。❷ 否则对著作权的保护会延伸到其包含的技术发明创造，而这不是著作权应当涉足的领域。❸

对于没有通过图形方式表示出来的实用物品（产品）设计，则需要有可以同该物品的实用方面区别开来而单独存在的绘画、刻印或雕塑特征，并在这个范围内视为绘画、刻印或雕塑作品加以保护。1956 年《英国版权法》第 3 条第 1 款对"艺术作品"进行了规定，并强调对其保护不考虑其"艺术价值"，其中对于"图形"作品被解释为包括图表、地图、示意图和设计图。而且，即使对于只具有纯粹实用功能的工业品，其设计图仍然属于受保护的"艺术作品"。作出上述规定与英美国家不将作品视为作者人格的延伸，也不要求体现对作者思想、情感表达的立法理论有关。

大陆法系国家将著作权视为作者权，限制了能够得到著作权保护的产品设计图范围。例如，《德国著作权法》就要求科学与技术类表达只有在体现了某种具有独创性的智力劳动的情况下，才符合著作权保护的标准。❹ 而达到这种独创性标准，要求不能有其他任何转化性的表达可以代替。如果产品仅依靠技术手段解决技术问题，则难以达到体现独创性设计的要求。因此，大陆法系国家对技术类表达提供保护的门槛较高。

考虑到产品设计图也属于著作权法上的作品，有必要利用著作权

---

❶ Lucas S. Osborn, Of PHDs, Pirates, and the Public: Three-Dimensional Printing Technology and the Arts, Texas A & M Law Review, 2014 (1): 811-835.

❷ Forest River, Inc. v. Heartland Recreational Vehicles, LLC., 753 F. Supp. 2d 753 (N. D. Ind. 2010).

❸ Arnold Silverman, Copyright Protection for Engineering Drawings, Minerals, Metals & Materials Society (1995), http://www.tms.org/pubs/journals/JOM/matters/matters-9509.html, 2014-10-20.

❹ 参见［德］M. 雷炳德：《著作权法》，张恩民译，法律出版社 2005 年版，第 146 页。

为权利人提供有效的保护。要实现这一目标，应当对产品设计图的现有保护机制进行调整和完善。在 3D 打印对象中，既包括美术作品或者实用艺术品，也包括大量的实用品，它们在著作权法上的地位和获得保护的程度是不同的。特别是对于应用广泛的工业产品，由于其对创作者思想表达程度受到实用功能的限制，无法完全体现创作者的思想观念，著作权法提供的保护较为薄弱，为未经许可的 3D 打印行为开了方便之门，有必要通过制度完善来加以约束。

（三）产品设计图获取方式与可版权性

产品设计图获取方式与可版权性具有密切联系。3D 扫描实施者不能通过单纯的扫描将本已进入公共领域的产品纳入私权保护的领域。已有产品本身属于作品，那么这种"再现"形式的数字模型可能构成该作品的复制件，而不能构成独立的作品；如果已有产品本身不属于作品，而只是简单的实用品，那么通过三维反向获得的数字模型，在现有的著作权规则下，将得不到任何保护。

（四）三维作品思想与表达的融合

《与贸易有关的知识产权协定》第 9 条明确要求"版权的保护应该延及表述方式，但不延及思想、程序、操作方法或数学概念本身"。如果思想与表达不能分离，即某种思想只能用一种或者少数几种方式进行表达，则可能基于融合原则不给予著作权保护。美国 1971 年的赫伯特案就认为如果作品的思想与表达融合则不能给予著作权保护，否则对作者提供的保护就会延及思想观念，而这应当属于专利法保护的范畴。❶ 该案所涉及的珠宝即属于立体产品，可能在 3D 打印产品保护中出现。在判断思想与表达是否融合时，若对于视觉作品采用与文字作品相同的标准会产生问题。对于在三维产品中适用融合原则的问题，迈克·穆雷教授认为，对于视觉作品不应当适用融合原则而否

---

❶ Herbert Rosenthal Jewelry Corp. v. Kalpakian，446 F. 2d 738，742（9th Cir. 1971）.

定其受版权保护，而应当转而采用"全部视觉和感受"标准，原因在于视觉作品领域传统上是思想可以通过无数方式来进行可视性描述的典型例证，因此应当排除适用融合原则。❶ 在 3D 打印领域，有部分产品是只能用 3D 打印而不能用传统工艺制造的，例如，具有复杂内部结构而不能通过切削或者模具制造的产品。❷ 在此情况下，由于该 3D 打印设计文档是反映实用物品的唯一方式，则对该文档的著作权保护可能会限制他人制造该实用物品，因此会给予权利人控制产品制造和销售的广泛权利。为了避免该情况的出现，著作权法基于思想与表达的"融合原则"，对于此类作品不给予保护。

值得注意的是，思想与表达的划分可折射到审美性与功能性的融合。《美国版权法》第 101 条对于实用物品给予保护时要求其审美部分具有分割性，即使物理上不可分，也应当在观念上可分。判断的基本原则是：法院必须为合格的作品提供著作权保护，同时防止不经意间由于 3D 打印和数字设计文档的使用而扩张了著作权保护的范围。❸ 在 3D 打印产品设计图中，很多是针对纯功能性产品，或者功能性与审美性不能分割的产品。技术功能在著作权法中属于思想观念，扩张性解释融合原则将使得很多此类产品不能得到著作权保护。《美国版权法》第 101 条规定，技术图纸虽然属于美术作品，但是对于实用物品设计而言，只有当其所包含的绘画等艺术特征可以区别且独立于实用功能时，才能获得美术作品加以保护。在 2005 年的酷森公司案❹中，美国第二巡回法院也认为实用物品不够资格获得保护期较长的著作权，更适合保护期较短的专利权保护。因为工业设计通常属于实用

---

❶ Michael D. Murray, Copyright, Originality, and the End of the Scènes aˋ Faire and Merger Doctrines for Visual Works, Baylor Law Review, 2006, 58: 779.

❷ Sklyer R. Peacock, Why Manufacturing Matters: 3D Printing, Computer-Aided Designs, and the Rise of End-User Patent Infringement, William & Mary Law Review, 2014, 55: 1933.

❸ Michael Weinberg, What's the Deal With Copyright and 3D Printing? https://www. publicknowledge. org/news-blog/blogs/whats-the-deal-with-copyright-and-3d-printing, 2015-10-10.

❹ Chosun Int'l, Inc. v. Chrisha Creations, Ltd. , 413 F. 3d 324, 328 (2d Cir. 2005).

物品（例如汽车、电器设备或者服装等），不符合著作权保护的条件。

此外，依据传统知识产权理论，著作权保护艺术性的作品而专利权保护技术性的发明创造。视觉艺术性的表达侧重于作品的外观，而发明创造则注重内在的技术功能。广义的 3D 打印的产品设计图中有属于美术作品的设计，但是更多的属于艺术性设计与功能性设计的结合，或者是纯功能性设计。对于后两类设计，体现创作者思想观念的表达成分不高，因此并不能受到著作权保护，同时要获取专利权的成本与门槛也较高，结果造成权利保护的空白和缺失。❶

三、3D 打印设计图独创性的认定

如上所述，3D 打印设计图作为典型的功能性作品，其产生和存在的目的，以及主要价值都在于其实用性及功能性。但是作为作品，其受著作权法保护的基础或者前提仍然是具有独创性的表达，即体现创作者个性特点与科学美感的点、线、面和各种几何结构的组合。也就是说，对 3D 打印设计图的保护并未突破著作权法不保护思想而只保护表达的基本定位。与此同时，著作权制度亦需要与时俱进，不断扩张其客体范围及权利内容，以适应能够满足人们精神消费需求的作品形式不断丰富所带来的挑战。❷ 因此，对 3D 打印设计图独创性的认定，仍然属于对其著作权保护的基础性问题。

（一）独创性版权标准

作为一项抑制他人自由的财产特权，著作权的存在必须符合一定的条件，最重要的即是具备独创性。独创性判定标准的高低，成为3D 打印产品设计图能否构成作品，进而得到著作权保护的关键。但是无论是国际条约还是各国的国内法，对于独创性的内涵和外延都没

---

❶　王迁："论著作权法保护工业设计图的界限——以英国《版权法》的变迁为视角"，载《知识产权》2013 年第 1 期。

❷　参见杨利华："功能性作品著作权保护制度研究"，载《知识产权》2013 年第 11 期。

有作明确具体的规定。❶ 有学者将世界上的独创性标准按照从严格到宽松的序列大致分为四种，分别是欧盟的个人智力创造标准；美国菲斯特案确立的微小创造性标准；加拿大的非机械以及非微小的技能和判断标准；英国的技能与劳动标准❷。虽然具体标准各不相同，却均强调"独立创作"即作品是作者付出创造性劳动后的智力成果，而不是对已有作品的复制或抄袭，而且这种"独立创作"不同于专利法意义上的"新颖性"，即不要求作品具有唯一性❸，差异仅在于各国对"创"的要求标准不同。而我国通说认为独创性应当包含"独立创作"和"具有一定创作高度"两个要件❹。

随着著作权保护范围的不断扩张，作品类型也日益多样化，因此为了合理分配作者与社会公众的权利义务，著作权制度需要根据作品类型的特殊性采取或高或低相适应的独创性标准，并结合侵权责任以及相应的救济程度在作者权益和社会公众利益之间维持平衡。也就是说，独创性的高低应当与其他著作权规则相结合，以给予与创作者做出的贡献相适应的回报。

应当根据 3D 打印设计图所对应"产品"的性质不同设定不同高度的独创性标准。首先，如果"产品"属于著作权法所保护的纯艺术作品（立体美术作品）或者实用艺术品，由于著作权法对这类产品设计图的保护力度较高，因此应当适用较高的独创性标准，以防大量平庸的、为专业人员所熟知的设计方案被著作权人所独占，而扼制他人

---

❶ 如《德国版权及邻接权法》第 2 条仅规定"作品是指个人的智力创作"；《美国版权法》第 102 条使用的概念是 "original work of authorship"；法国《知识产权法》第 L. 111-1 条使用的是 "work of mind" 的概念。参见李明德、管育鹰、唐广良：《〈著作权法〉专家建议稿说明》，法律出版社 2012 年版，第 312 页。

❷ Elizabeth F. Judge, Daniel J. Gervais, Of Silos and Constellations：Comparing Notions of Originality in Copyright Law, Cardozo Arts & Entertainment Law Journal, 2010, 27：375-408. 转引自吴伟光：《著作权法研究——国际条约、中国立法与司法实践》，清华大学出版社 2013 年版，第 58 页。

❸ 参见姜颖："作品独创性判定标准的比较研究"，载《知识产权》2004 年第 3 期。

❹ 参见崔国斌：《著作权法——原理与案例》，北京大学出版社 2014 年版，第 69 页；王迁：《知识产权法教程》，中国人民大学出版社 2011 年版，第 25-33 页；郑国辉：《著作权法学》，中国法制出版社 2012 年版，第 24 页。

创作自由，避免与保护宗旨背道而驰。其次，如果"产品"属于不受著作权法保护的工业品，由于著作权法对平面图形的保护只限于其中体现的"科学之美"，复制权的范围也只包括"从平面到平面"的复制，保护范围有限，因此其独创性标准可以相应地降低。

（二）3D 扫描实物品所获 CAD 文档的独创性问题

获得 CAD 文档的重要方式是对实物产品进行 3D 扫描，目前扫描技术和精度得到很大提高。然而，从著作权法角度来说，尽管 3D 扫描技术含量高，但是不会提高扫描对象具有独创性的可能，因此得不到著作权保护。美国菲斯特案要求作品必须具有最低限度的独创性。❶ 莫什维克等案例说明了这一问题，该案涉及对于作为三维物体的卡车进行商用扫描，通过扫描得到的数据计算外壳各点之间的位置，并利用模型软件获得数字图像。❷ 法院认为虽然原告耗费了大量时间（80～100 小时）进行扫描，但是并没有体现原创性，因此不能获得著作权保护。2009 年的 RBC 案也持同样的立场，❸ 对于实物产品的单纯扫描会因为缺乏独创性而不能获得著作权保护。❹ 当然，对于扫描文档进行修改后可以获得独创性。在 2010 年的铁路模型案中，由于被告对铁路沿线的建筑设计进行了选择性压缩，以保持建筑与铁路布局模型之间的相互位置关系，同时改变了建筑的视角，足以引起认定其具备可版权性的问题。❺ 在布里奇曼艺术图书馆案中，法院认

---

❶　Feist Publications，Inc. v. Rural Telephone Service Co.，499 U. S. 340，364（1991）.

❷　Meshwerks，Inc. v. Toyota Motor Sales U. S. A.，Inc.，528 F. 3d 1258（10th Cir. 2008）.

❸　RBC Nice Bearings，Inc. v. Peer Bearing Co.，676 F. Supp. 2d 9 at 21（D. Conn. 2009）.

❹　Matt Simon，When Copyright Can Kill：How 3D Printers Are Breaking the Barriers Between "Intellectual" Property and the Physical World，Intellelctual Property，Sports & Entertainment Law Forum，2013，1：59-97.

❺　Osment Models，Inc. v. Mike's Train House，Inc.，No. 2：09-CV-04189-NKL，2010 WL 5423740，at ＊2（W. D. Mo. Dec. 27，2010）.

为高质量扫描公有领域物品不会单独创造版权作品❶，这一立场在同案当事人 1999 年进行的诉讼案中得到一定修正。❷ 值得注意的是，最初将摄影作品排除在著作权保护以外也是基于其不具有独创性，该理论认为照片仅是对客观影像的抓取，因此不具备足够的独创性。后来，在布劳—基尔斯等案件中，法院承认大多数照片是摄影师具有独创性的取景、曝光和编排之后产生的。❸ 对于 3D 扫描图形进行修改可以获得独创性，2010 年的鲁奇案中法院就认为对于 3D 图形进行平滑处理和改变物品形状能达此标准。❹ 如果仅从功能应用角度认为利用 3D 扫描抓取实物产品用于制造和复制，则会减小承认其独创性的可能。

（三）独创性判定的主体

由于法律对作品独创性标准尚无明确的界定，导致不同观点的人对独创性判断主体的认识也不同。❺ 结合我国专利保护的相关规定，可以归纳出三类对产品与设计差别进行判别的主体，并在 3D 打印领域进行独创性判断及侵权判定时加以选择。这三类主体是设计专家、该领域的普通设计人员和该领域的普通消费者，他们在是否具有创造力、是否具有相关专业知识和察觉产品与设计之间差别能力强弱方面具有不同的特点，将他们作为判别主体也将会产生不同的结果。

技术专家具有创造性的设计能力，具备相关的专业知识，察觉产品与设计之间差别的能力较强，能够分辨出细微差别；普通设计人员

---

❶ Bridgeman Art Library, Ltd. , v. Corel Corporation, 25 F. Supp. 2d 421 (S. D. N. Y. 1987).

❷ Bridgeman Art Library, Ltd. , v. Corel Corporation, 36 F. Supp. 2d 191 (S. D. N. Y. 1999).

❸ Burrow-Giles Lithographic Co. v. Sarony, 111 U. S. 53 (1884).

❹ Lucky Break Wishbone Corp. v. Sears Roebuck & Co. , 373 Fed. App' x 752 (9th Cir. 2010).

❺ 另有学者总结出四种不同观点：一是由法院判断；二是由技术人员判断；三是由法院判断但可听取专家意见；四是法院和专业人员都不宜认定。参见赵海燕："作品独创性判断标准及主体认定"，载《陕西行政学院学报》2014 年第 3 期。

则不具备创造力，但是具有该领域的相关专业知识，也了解该领域已有设计的状况，察觉产品与设计之间差别的能力中等；该领域的普通消费者则不具备创造力，也不具备相关领域的专业知识，但是对相同或者相近种类产品的设计及其常用设计手法具有常识性的了解，对设计与产品之间在形状、图案以及色彩上的区别具有一定的分辨力，但不会注意到产品的形状、图案以及色彩的微小变化。

表 3　不同判别主体的特点

	设计创造力	设计分辨力	设计知识储备
设计专家	高	高	高
普通设计人员	中	中	中
普通消费者	无	低	无

对于不同的知识产权保护领域，在判别主体问题上要分别根据上述三类主体进行规定。1956 年《英国版权法》中的非专家抗辩原则是采用技术专家作为判断主体，我国在发明和实用新型专利侵权适用等同原则时采用的是本领域的普通技术人员，[1] 而在外观设计专利权无效宣告程序中对专利涉及与现有设计对比的判断主体是该领域的普通消费者。[2] 尽管在判别主体上，关于外观设计进行比对的要求是最为宽松的，但是对于外观设计有区别性的要求。可以看出，我国专利法对于外观设计专利设计水平的要求是不断提高的，在 3D 打印复制行为认定时不宜简单地采用普通消费者作为主体进行判别。

如上所述，著作权对产品设计图的保护范围仅限于其由点、线、面和各种几何结构组合而成的"科学美感"，将其实用功能排除在外。独创性并不是要求作品具有较高的审美或艺术高度，因此并不需要由技术或设计专家来判断设计图中体现的技术方案先进与否，产品设计的艺术价值高低。实际上，就产品设计而言，相同或相近似种类产品

---

[1]　参见 2001 年最高人民法院颁布的《关于审理专利纠纷案件适用法律问题的若干规定》第 17 条及国家知识产权局《专利审查指南》第二部分第四章第 2.4 节。

[2]　参见国家知识产权局《专利审查指南》第四部分第五章第 4 节。

市场中的普通消费者具有一定的分辨力，能够根据其对设计的常识性了解作出相对准确的判断。对于由普通消费者进行独创性判断可能会导致保护范围过宽，甚至扩展到对技术方案的保护的担忧是不必要的。

（四）其他因素

第一，3D 打印工业产品的市场生命周期普遍较短，而著作权法给予产品设计图作者的权利期限为有生之年加死后 50 年（美国版权法更延长到死后 70 年），即使实用新型和外观设计也达到了 10 年。这种过低保护标准和过长保护期限的结合会导致某些保护价值不大的产品设计图得到长期保护，这不仅不利于市场竞争和产品生产技术的进步和创新，而且会浪费法律资源。

第二，专利说明书具有官方文件的性质，可能破坏其中包含的产品设计图获得版权保护的可能性。由于著作权法已经明确将官方文件排除在保护范围以外，以避免公众对其进行充分利用和传播，专利制度的重要作用也在于促进包括产品设计在内的发明创造充分公开和传播，因此已经纳入专利说明书公开的产品设计图应当被认为不受著作权保护，包括 3D 打印者在内的社会公众都可以自由利用。这样就排除了创作者利用著作权对单纯的专利产品设计信息传播进行限制的可能性。由于 3D 打印制造产品行为难以被发现和控制，对于产品设计图著作权保护而言又缺乏必要的权利内容，使得专利权人在 3D 打印领域维权的难度显著增加。

第八章

3D 打印产品设计图复制权问题

一、产品设计图复制权内容的局限性

从知识产权保护的特点对比来说，作为 3D 打印核心要素的产品设计图属于著作权法保护的图形作品，而且著作权保护有自动保护、获取和维持权利成本低等优势。但是由于提供保护的权利内容有限，因此对于体现 3D 打印核心价值的制造行为而言，其保护的有效性存在明显缺失。

著作权法上的复制行为主要是指在不增加再创作内容的情况下，对原作品在有形载体上进行再现的行为，复制行为所使用的载体、材料等要素不影响行为的性质。复制有广义与狭义之分，狭义的复制是严格意义上的同形复制，仅指以同样形式制作成品的行为；广义的复制还包括异形复制，通过二维的产品设计图制造三维产品就属于此情形。平面设计图之间的复制毋庸置疑是侵犯复制权的行为，但存在争议的是根据产品设计图 3D 打印生产产品的行为是否属于复制行为以及这种行为是否侵权。

我国著作权法对于根据产品设计图制造产品的行为是否属于复制，在立法上有一个演变发展的过程。具体而言，是从仅限于作品同形再现的狭义复制拓展成为包括异形再现的广义复制。1990 年《著作权法》第 52 条第 2 款曾经明确规定"按照建筑设计、产品设计图及其说明进行施工、生产的行为"不属于著作权法意义上的复制行为。即明确将平面到立体的异形再现行为排除在复制以外，意味着同形复制是保护的主要对象。这种情况在《著作权法》2001 年修改时得到了改变，原第 52 条被删去，从字面上将异形复制也囊括了进来。但是，做出这一修改的主要原因在于增加了对于建筑作品的保护，建筑设计图等具有审美意义的特殊工程设计图也被纳入了保护范围，而根据建筑设计图施工并建造建筑物的行为构成对建筑作品著作权的侵犯。为了不造成对建筑作品与其他工程设计图在著作权保护上的不统一不协调的问题，因此取消了原第 52 条第 2 款的规定。

在司法实践中，对于非美术作品（也包括实用艺术作品）、建筑作品的设计图仍然在事实上沿用了原有规定，给予产品设计图著作权的保护仅限于对于图形本身进行复印、印刷、发行等行为，依据设计图进行工业产品的制造则并不构成侵权。也就是说，对于非美术、建筑作品，平面到立体的异形复制仍然是不构成侵权的。司法机关在2001 年修改《著作权法》前后对于根据产品设计图制造产品行为的立场并无实质性变化。1997 年最高人民法院在《关于叶庆球与珠海市香洲船舶修造厂等著作权纠纷案的函》中曾明确指出，根据 1990年《著作权法》第 52 条的规定，被告依照图纸制造渔船的行为不是复制行为，因此也不是侵犯著作权行为。尽管当时著作权还有关于作品使用权的概括性规定，但是法院并未提供同形复制以外的延伸性保护。最高人民法院的这一立场在《著作权法》2001 年修改后仍在发挥作用，并体现在上海市第二中级人民法院审理的迪比特公司诉摩托罗拉公司印刷电路板著作权案件中。该案法官承袭了之前在该问题上的一贯立场，认为被告摩托罗拉公司按照印刷线路板设计图生产线路板的行为，是生产工业产品的行为，不属于著作权法意义上的复制行为。❶ 该案判决对制造接近于平面产品的印刷电路板都认为不属于复制行为，那么制造其他具有立体结构的产品将更会被排除在保护范围之外。

---

❶ 参见芮文彪："按照设计图生产印刷线路板是否属于著作权法意义上的复制"，载刘华：《上海市高级人民法院知识产权审判庭·知识产权案例精选（2006）》，知识产权出版社 2008 年版，第 20 页。

由此可见，我国著作权法只对于美术作品和建筑作品提供从平面到立体的复制权保护，而对于应用领域最广的功能性产品，或者功能性与审美性不能分割的产品，则不提供此类保护。著作权法对产品设计图的保护不延及制造实物产品的异性复制，仅限于对产品设计图进行"平面到平面"的复制，即指以印刷、复印、翻拍等复制形式使用图纸及其说明。❶ 按照工程设计、产品设计图纸及其说明进行施工、生产工业品的平面到立体的复制行为则不予以保护。根据表4所示，若使用者将 CAD 文档 3D 打印成产品，即从二维形式转化为三维形式，或者根据三维物品扫面后实施 3D 打印制造复制品，则不属于侵犯著作权。

表4　美术作品及产品设计图复制权保护范围对比表

	平面——平面	平面——立体	立体——立体	立体到平面
美术作品	构成侵权	构成侵权	构成侵权	构成侵权
图形作品	构成	不构成	不构成	——

因此，能否适当延伸产品设计图的著作权保护范围将关系到能否对 3D 打印行为提供有效保护。从知识产权类型角度而言，作为 3D 打印核心要素的产品设计图属于著作权法保护的图形作品，而且著作权保护有自动保护、获取和维持权利成本低、保护周期长等优势。但是，著作权提供保护的权利内容有限，尤其是对非美术作品的产品设计图不包括将二维转化为三维的异形复制，而无法触及体现 3D 打印核心价值的产品制造行为。有许多学者建议对产品设计图增加异形复制的保护，❷ 但是由于可能导致延及对技术方案的保护，与著作权法

---

❶　胡康生：《中华人民共和国著作权法释义》，法律出版社 2002 年版，第 13 页。

❷　参见刘春田：《知识产权法》（第四版），高等教育出版社 2011 年版，第 67 页；参见陈诚、黄晓辉："从立法视野看我国跨载体复制的司法保护"，载《武汉理工大学学报》（社会科学版）2007 年第 1 期；谢兵："论从平面到立体的转换属于著作权法上的复制"，载《河北工程大学学报》（社会科学版）2009 年第 3 期。

不保护思想观念的原则相冲突，因此尚未在立法中加以规定。❶

二、产品设计图复制权内容的扩张

（一）扩张产品设计图复制权的必要性

刘春田教授认为异形复制属于广义上的复制行为，因为这也属于在不改变作品内容的情况下对其进行再现，只不过这是在不同于原作的其他种类载体上进行的再现，不应否定其属于复制的性质。《伯尔尼公约》第 9 条关于复制权的规定并未对复制方式进行任何形式的限制，"以任何方式或者任何形式复制作品"均属于复制行为。同时，该公约第 3 条对于"已出版作品"进行界定时，也采用了"不论其复制件的制作方式如何，只要从这部作品的性质来看，复制件的发行方式能够满足公众的合理需要"。1956 年《英国版权法》规定，艺术作品（包括图形作品）的权利人有权独占行使"在任何物质形式上复制作品"的权利。该法第 48 条第（1）款对于各类作品复制行为的含义进行了解释，其中对艺术作品的复制包括将二维作品转化为三维形式（也包括将三维作品转化为二维形式）。因此，对于消费者而言，只要能够判别产生设计图和据其制造的产品之间具有一致性，产品就构成设计图的复制件，制造产品的行为则属于对设计图的直接复制，从而受到著作权法的保护。

对于美术作品而言，从二维设计到三维作品的制作行为构成侵权并无法律上的争议，因为美术作品既可以作为审美对象进行欣赏，也可以作为产品设计的样式。然而，对于工程技术产品而言，制作产品设计图的主要目的不是对图形本身进行复制，而是制造产品来满足公众需求，因此后者才应当是复制权的主要调整对象。事实上，对于产品制造行为而言，绘画、书法、雕塑等美术作品也可以视为一种特殊的产品设计图，根据美术作品是能够制造相应产品的。以连环画铁臂阿童木为例，如果有人根据该卡通人物的造型制造（包含用 3D 打印

---

❶ 参见李明德、许超：《著作权法》，法律出版社 2009 年版，第 6 页。

的方式）产品，则构成对该美术作品复制权的侵犯。据此，依照产品设计图通过 3D 打印等方式制造产品的行为应当属于著作权法意义上的复制。

之所以在异形再现是否属于复制行为立法规定上出现调整，主要原因是从法律责任角度对直接将制造行为是否构成复制与是否提供著作权保护进行挂钩。同时，由于产品设计图等作品的设计目的就是制造产品并盈利，也难以用合理使用等非盈利性例外条款来给予豁免。事实上，对于 3D 打印等异形再现是否构成复制与是否对其提供著作权法保护直接联系起来是没有必要的。在立法上，可以先行确认其属于复制行为的性质，然后根据相应的立法政策对是否给予保护进行取舍。

（二）3D 打印对产品设计图复制权扩张的作用

根据现有著作权法规定，根据产品设计图制造产品的复制行为是排除在侵权行为以外的。因此可以推断出立法者的意图是只保护对图形本身进行复制，而不包括根据图形进行的产品制造。这种制度设计有图形作品内在因素和外在替代性制度两个方面的原因，在后果上会造成保护力度的缺失。对于内在因素方面，产品设计图主要采用功能性的设计要素。由于其不具备审美意义，因此对于非美术作品而言，体现作者创作思想和设计个性的成分较少，也只能给予较低层次的保护。著作权保护固然是通过作品进行的表达，但是应当是体现思想的表达，并且思想表达得越充分则提供的保护水平越高，这一点从美术作品与摄影作品的保护区别可以体现出来。但是，对于作品艺术含量的高低进行判断不是著作权法所能做到的，原则上来说也不应作为是否给予著作权保护的依据。在德国著作权法上，对于产品设计图等技术内容表达的著作权保护，仅及于表达本身，而对于表达的内容视为技术方案或者客观事实而不给予保护。[1] 因此，对于被表述的对象进行制造是合法的，包括按照图纸建造一个三维物体。对于外在替代性

---

❶　［德］M·雷炳德：《著作权法》，张恩民译，法律出版社 2005 年版，第 146 页。

制度方面，根据产品设计图通过 3D 打印等方式制造产品的行为可以根据专利权来进行保护。通过专利权保护有绝对独占性和保护技术方案（这在著作权法中属于思想观念）的优势，但是在权利主张时存在两个方面的障碍：（1）根据现行专利法，只有具有"生产经营目的"的经营者利用 3D 打印制造专利产品才构成侵权，而普通个人使用者不以出售为目的进行 3D 打印并不构成侵权，而后者正在成为 3D 打印的主要使用情形；（2）对于提供 3D 打印产品设计图的传播者而言，由于该设计图只是制造专利产品的蓝图，而不是产品本身，因此其行为也不构成直接专利侵权。根据第四章的论述，即使对于间接侵权而言，由于需要证明行为人具有侵犯专利权的主观故意，因此存在较高的举证难度。

对上述限制主要基于三个方面的考虑：（1）客体的限制。著作权传统上只保护具有审美意义的作品，对于作者思想观念的表达比较充分，而科学技术类作品的保护应受到严格限制，因为技术功能的限制而使产品设计受到局限。此外，对产品设计图制造实物的保护可能延及技术方案存有担忧，而技术方案是作为思想观念是不受著作权保护的；❶（2）信息的限制。传统上，依据产品设计图制造实用物品时，由于图形本身并未包含所有的产品制造信息，制造者通常会对图形进行改编和演绎，不存在图形与产品的一一对应关系。（3）工艺的制约。在传统的减材制造工艺中，制造者需要根据产品设计图规划出一整套通过成型、切削等工艺流程才能制造出产品（包括零部件），CAD 设计图确实仅能成为产品制造的蓝图。对于 3D 打印而言，这三方面的限制均得到解除或者缓解。首先，产品设计图属于明显的直接表达，很多 3D 打印产品发明只能用设计图的方式来进行表达，甚至有些产品只能用 3D 打印制造出来。其次，3D 打印技术发展使得 CAD 设计图可以包含形状、颜色和材料等几乎所有产品信息，并且 3D 打印过程的精确性使得其能够与产品设计图一一对应，由于并未增加新的因素而应作为再现行为。再次，在制造工艺方面，3D 打印

---

❶ 李明德、许超：《著作权法》，法律出版社 2009 年版，第 28 页。

可以让制造者自动获取实物产品，省去了对制造流程的设计等诸多烦琐和不确定的因素。因此，有理由将其纳入产品设计图的著作权保护范围。

在 3D 打印时代，如何克服技术内容和著作权保护价值取向的矛盾将显得尤为突出。在 3D 打印领域，产品设计的最终目的是制造实物产品，其主要价值正是通过其实用功能得到体现，如果著作权法不规制平面到立体的复制行为，则无法达到保护产品设计图的目的，也不能有效规制 3D 打印侵权行为。而著作权权能的缺失会造成保护乏力。有许多学者建议对著作权法增加异形复制保护。❶但由于延伸对功能性产品复制权的保护可能延及对技术方案的保护，这与著作权不保护思想观念的原则相冲突，目前还没有在立法规定中得到落实。但可以考虑通过司法解释或者司法判例对作品并"复制行为"进行扩大解释，把对产品设计图"平面到立体"的复制行为也纳入其保护范围，以实现对 3D 打印侵权行为的规制。

对于根据产品设计图 3D 打印的行为进行复制权保护有两点理由。第一，产品设计图的价值本身在于制造。从设计内容来说，产品设计图和工业产品之间存在一一对应的关系，产品设计图所体现的技术方案需要通过产品来展现。虽然不同形式的图形、模型和实物的完成人可能不同，但是所使用的都是设计图创作者的智力成果，3D 打印使用者并未增加新的内容。从经济价值来说，根据设计图制造产品才是设计图的价值所在，而仅仅将图纸进行复制是无法体现该设计价值的。相对于用文字表达的产品设计（如专利权利要求在技术内容的限定上采用这种方式），产品设计图能够更为直接地为产品制造提供蓝图和指导，甚至可以被视为 3D 打印制造产品的一个必经步骤。第二，3D 打印技术的出现使得产品设计图的经济、法律地位出现变化。在 3D 打印技术得到应用以前，通过文字或者图形表达的产品设计对

---

❶　梅术文："基于 3D 打印技术的网络知识产权制度变革研究"，载《科技进步与对策》2016 年第 24 期；张晓龙："对 3D 打印技术下复制权的思考"，载《河南工业大学学报》（社会科学版）2015 年第 4 期。

于消费者来说并无不同，他们均无法有效地据此生产产品。但是 3D
打印技术的出现加深了两者的区别，也更加有效地突出了产品设计图
在制造产品方面的经济价值。如果对其提供的保护仍然与产品文字设
计相同，并且仅限于对于作品本身的印刷、复印等，则无法彰显其价
值。正如刘春田教授所提出的，如果不对根据产品设计图制造产品的
行为进行控制，将保护范围仅限于"图纸"本身而未延及产品，将难
以起到保护工业设计的作用。[1] 因此，有必要针对 3D 打印领域对于
产品设计图的保护措施进行重新定位。此外，对于美术、建筑作品已
经提供从二维设计到三维产品的复制权保护，对于功能性产品设计图
也应当给予同样的保护。不能因为担心会将著作权保护延及产品设计
图背后所体现的技术方案，就不对复制权进行保护，完全可以在严格
限制保护范围的情况下提供保护。

三、产品设计图复制权保护范围的限定

如果将根据产品设计图制造的产品（通过 3D 打印）也作为复制
行为纳入著作权保护，那么对于其保护范围进行合理限制是必要的，
也是这种产品制造行为获得著作权保护的正当性条件之一。与此同
时，应当对产品设计图异性复制的保护范围进行合理限定，以便巩固
制度改进的合理性。

（一）应当限制保护范围

对于美术作品的侵权行为而言，只要涉嫌侵权的产品与原创作品
"实质相同"即构成侵权，并不要求完全等同。[2] 即产品体现了作品
的设计要点和作者的创造性劳动就构成侵权。对于非美术作品的实用
品，如果将从平面到立体的复制行为进行保护，则不能超越该设计图
所涉及的产品本身。这是防止将著作权保护从表达延至思想观念的基

---

[1] 参见刘春田：《知识产权法》（第四版），高等教育出版社 2010 年版，第 67 页。

[2] Designers Guild Limited v. Russell Williams（Textiles）Limited（t/a Washington
DC），［2001］1 All ER 700，［2001］FSR 11.

本原则的需要。在著作权保护中，技术方案是作为思想观念而不提供保护的。❶ 也就是说，在 3D 打印领域，产品设计图著作权保护范围应当严格以产品设计图本身为限，如果创作者完成的产品设计图与 3D 打印者打印的产品不相同，而只是利用了产品设计图所体现出来的技术方案，则不能认定其构成侵权。特别是，如果 3D 打印者对于产品设计图进行了修改，那么就需要判别两者是否构成不增加实质内容的再现，如果不是则不构成对复制权的侵权。

与此相对应，作为美术作品，在进行 3D 打印等复制行为时会产生延伸保护的问题，即并不要求产品造型是原作品造型的直接相同复制。如果涉嫌侵权产品的具体造型在美术作品中没有出现过，例如，某卡通玩具中角色的姿势或者造型并未在原著作品中出现，而是经过了产品制造者的改造，但是从普通消费者角度来说可以合理推断属于原著作卡通人物的类似物，或者无法将其进行区别，则同样构成侵犯复制权。考虑到美术作品具有较高的审美价值，这种延伸保护则是合理的。

然而，技术类产品设计图在制造产品复制行为的保护中，应当仅限于与该设计图直接对应的产品，而不能有任何实质性的改变。如果超过了产品设计图本身所记载的产品设计，例如，对该设计进行了任何形式的改变以至于能够分辨出与原设计的区别，那么对产品的制造也就不是表达的复制，不构成侵犯著作权了。否则，允许保护范围延及有实质差别的产品制造行为，那么将使得著作权延及作为思想观念的技术方案，将使得保护范围不适当地拓宽，造成将著作权保护实质上延伸到应当属于专利权的领域中去。

（二）"非专家抗辩"规则

如同独创性判断中对主体的设置一样，对产品与设计之间是否存在法律上承认的差别，以判别其是否构成对设计的复制，对判断主体的设定非常重要。不同专业水平的主体可能会对于同样的两个对象是

---

❶ 参见李明德、许超：《著作权法》，法律出版社 2009 年版，第 16 页。

否存在差别做出不同的判断结论。随着判断主体专业水平的提高，察觉产品与设计之间差别的能力和可能性也随之提高，进而缩小可能构成对产品设计复制件的物品范围。

英国 1956 年版权法对于产品设计图给予艺术作品保护的实施过程中，为了防止权利人不适当地扩大制造产品方面的保护范围，法官适用时引入了"非专家抗辩"规则。这来源于该法第 9 条第 8 款的规定：如果是根据二维艺术作品制造三维产品，而两者在并非该产品领域专家的人士看来不是艺术作品的复制品，就不构成对于该艺术作品著作权的侵犯。该条款对于保护范围进行了限制，但是同时也意味着该法进一步肯定了将包括工业产品在内的艺术作品从二维设计转化为三维产品构成侵犯著作权。

对于 3D 打印而言，主要适用于活动部件比较少、形状结构相对简单的产品，作为包括普通消费者在内的非专家人士对于此类产品很容易做出与产品设计图一致或者类似的结论。在此情况下，3D 打印产品将作为产品设计图的复制件，属于同一作品的不同表现形式。因此，根据 3D 打印产品设计图来打印制作产品难以适用非专家抗辩，构成侵权的可能性将很大。如果要对 3D 打印实用品的行为提供复制权保护，则可以在借鉴非专家抗辩规则的基础上确定保护范围。

在 3D 打印领域，如果按照普通设计人员的标准来进行判别，仍有保护范围过宽的疑问，因为 3D 打印产品可能是在技术手段和技术效果上与要求保护的产品设计等同，需要从技术方面来进行判别，这本身就会导致著作权的保护延及技术方案等思想观念。因此，我们需要适用最为严格的判别主体标准，只要设计专家认为产品设计和 3D 打印的实物产品之间有区别，能够认定为不同的产品或者设计，那么就应当视为不构成侵犯著作权，以此将复制权的保护范围严格限定在对产品设计的表达方面。

（三）根据产品进行复制的问题

如果 3D 打印者并非根据创作者完成的产品设计图直接打印，而是根据实物产品或者产品模型来制作 3D 打印模型文档，然后再利用

3D打印来制造产品，是否构成对产生设计图著作权侵权？由于产品设计创作者并未绘制产品设计图，涉嫌侵权的3D打印者并未接触到创作者绘制的产品设计图，如果在此情况下仍然提供产品设计图的著作权保护，无疑将延伸对其保护的范围。

对于尚未纳入开源硬件社区的产品，其设计图可能会未经许可地被获取或者传播。反向工程技术使得他人能够对产品从"立体"到"立体"进行复制，而不必事先获取创作者制作的产品设计图。[1] 在3D打印中，反向工程主要是指在产品设计者将实物产品投放到市场以后，竞争对手通过3D扫描和数据分析等手段进行破解和仿制，转化为CAD或STL（standard tessellation language，标准镶嵌语言）文件并据此进行再生产。[2] 这不但扰乱了市场秩序，还严重地损害了产品设计者的利益。然而，产品设计者却难以用著作权或者商业秘密进行制约。在法律层面，为了促进产品设计的相互流通，对软件或硬件进行的反向工程通常被认为是合法的。美国法院在2012年的甲骨文公司案中认为，制品或制备工艺都受商业秘密保护，但是只要合法地取得制品或制备工艺就可以对其进行反向工程。[3] 我国最高人民法院在2007年《关于审理不正当竞争民事案件应用法律若干问题的解释》中首次明确规定："通过自行开发研制或者反向工程等方式获得的商业秘密，不认定为侵犯商业秘密行为。"因此，通过自行研发或反向工程获得商业秘密不属于不正当的竞争行为。但是对于硬件设计者而言，产品中包含的创新思想和智力成果，如此轻易地就被别人"合法"地利用，这对权利人显然是不公平的。

---

[1] 正向工程是泛指按常规的从概念（草图）设计到具体模型设计再到成品的生产制造过程。而反向工程则指从现有模型（产品样件、实物模型等）经过一定的手段转化为概念模型和工程设计模型，如利用三维坐标测量机的测量数据对产品进行数学模型重构，或者直接将这些离散数据转化成数字控制程序，进行数控加工而获取成品的过程，是对已有产品再设计、再创造的过程。

[2] 参见瞿昊晖："论3D打印产品设计图作品的使用者利益——以美国判例为启示"，载《中南大学学报》（社会科学版）2015年第5期。

[3] Oracle American Inc. v. Google Inc., 872 F. Supp. 974，978（N. D. Cal. 2012）.

1956 年《英国版权法》出台以后，采用"间接复制"方式对于侵权行为加以认定。在英国 1979 年审理的 L. B. 塑料公司诉瑞士产品公司案❶和英国莱兰德汽车公司诉阿姆斯特朗专利有限公司案❷中均出现了这种情况，被告直接仿制原告生产制造的产品而非产品设计图，甚至采用技术手段对于原告产品的技术参数进行测量，然后进行原样的仿制。法院认为这与复制产品设计图的侵权行为并无区别，因此属于产品设计图的复制件，构成对产品设计图著作权的侵犯。将这种根据产品进行的仿制也界定为著作权法上的"间接复制"行为，是将对于具有审美意义的美术作品提供的保护延伸到了功能性产品当中。这种侵权认定规则，确实曾经导致英国产业界根据平面产品设计图起诉仿制者的案件有所增多。

英国法院在审理产品设计复制行为侵权案件时，认为纯功能性的产品并非艺术作品，例如，对于三维实物的尾气管等产品不认为是其版权法上的艺术作品，这种功能性产品本身是不受版权法保护的。因此，产品设计图本身是否存在成为被告是否构成版权侵权行为的关键要素，产品创作者如果没有先行绘制产品设计图再进行产品制造，那么被告即使将产品进行复制，也不可能构成对产品设计图的侵权。在不同的案件中，法院曾根据原告的产品是否依照设计图制造对于被告是否构成侵权作出过不同的裁决。但是，由于著作权并不具有公示的效力，因此会给权利人的竞争对手以及社会公众（包括 3D 打印者），造成法律地位有较高的不确定性。在根据第四点所述方式予以权利公示后，能够较好地解决依据产品进行的仿制行为是否构成侵权的问题。

四、复制权内容扩张的配套制度问题

（一）权利公示的问题

通过著作权来保护依照产品设计图 3D 打印制造产品的行为，创

---

❶ L. B. (Plastics) Limited v. Swish Products Limited，[1979] R. P. C. 551, at 601.

❷ British Leyland Motor Corporation and Others v. Armstrong Patents Company Limited，[1986] R. P. C. 279，at 362-363.

作者要证明权利主体和内容的合法性是一个明显的障碍，相对于专利制度来说，著作权在这方面有不足之处。发明人要取得专利权，需要经过国家专利行政管理部门进行审查，只有在符合新颖性、创造性等实质性条件以后才能够获得授权。相对严格的审查程序，可以在一定程度上保证权利主体是技术发明人或者其受让人，同时还可以保证授予专利权的技术是符合法定要求的，并且能够为技术进步带来贡献。而著作权是在作品完成之日起就产生，并未经过权威部门的审查，作品使用者和社会公众对于主张权利的主体是否是享有著作权的权利人，以及所要求保护著作权的作品（特别是工程技术领域的作品）是否具有独创性等基本问题难以进行查证。另外，著作权保护期远长于专利权。在此情况下，如果允许图形作品创作者通过著作权保护作品所体现的技术方案，垄断对该产品、技术的实施，可能对于社会来说是不公平的。在美国联邦最高法院 1880 年审理的贝克尔诉斯尔灯案❶中就指出，"给予作品作者对其描述的技术以专有财产权，而不对其新颖性进行官方审查，是对公众的欺诈"。有观点据此反对给予其产品制造领域的复制权。

　　这一问题可以通过著作权登记制度和版权标记加以解决。在我国，作者可以就产品设计图向版权登记机关申请登记并取得登记证书，作为享有著作权的凭证和证据。通过著作权人明确其权利的身份，也可以明确其要求保护的作品形式与内容。社会公众可以通过查阅登记信息了解受到著作权保护的设计图信息。尽管登记机关并不会对登记申请进行实质性审查，无法保证申请材料的真实性和合法性，但是这并不妨碍其在证明权利中发挥应有的作用。事实上，即使在专利审查制度中，也难以通过审查完全排除不符合法定条件的专利权获得授权，但是这并不阻碍专利权得到实施和保护。专利审查在权利主体方面采用推定认可的方式，在发生争议时另行解决；对于专利申请的内容，实用新型和外观设计申请采取的只是初步审查，即使对于发明专利申请的实质审查来说，也不能保证找到所有破坏新颖性、创造

---

❶　Baker v. Selden，101 U. S. 99，at 102（1880）.

性的证据并正确地加以判别。考虑到不与著作权自动取得基本制度相矛盾，同时平衡权利人与社会公众之间的利益，在保护时可以采用如下制度安排：如果权利人只要求对方停止侵权，则无须出具登记证明或加注版权标记；如果权利人要求停止对方侵权并获得报酬，则需要在作品上标注版权标记并出具权利登记证明。对未予以登记的产品设计图，由于不具有权利公示的效力，因此 3D 打印使用者无须承担经济赔偿的责任。对于经济价值较高的产品设计图来说，要求权利人支付一定的登记费用成本也是合理的。另外，对于产品设计图的保护期可以参照计算机软件的规定为 25 年，以便与专利保护期靠近。

（二）邻接权保护

3D 打印固然有侵犯著作权的风险，但是也为产品及其设计图的推广使用提供了广阔的空间，如同印刷术和互联网信息传播技术为文字、美术作品传播提供了有力推动一样。产品设计者对于利用 3D 技术使得消费者能够快速便捷地获得产品设计，并通过 3D 打印制造和使用也充满期待。其中，传播者对于产品设计的推广起着重要作用，将产品设计图转变为 3D 打印可用的 CAD 文档，会为不具备专业设计知识和能力的普通 3D 打印使用者制造产品提供方便。因此，有必要给予 3D 设计文档制作者与出版社、录音录像制作者等其他作品传播者类似的法律地位，从而在著作权法体系中引入新型的邻接权。

所谓邻接权，是著作权法为了鼓励某些不满足著作权法上的独创性标准但是依然需要鼓励的创作或投资行为而特别创设的权利。邻接权存在着狭义和广义之分。狭义的邻接权只包括《罗马公约》或者《世界知识产权组织表演和录音制品条约》（WPPT）等邻接权领域国际条约规定的表演者权、录音录像制作者权和广播组织权，我国现行著作权法还包括出版者权。而广义的邻接权则是指"一切传播作品的媒介所享有的专有权，或者那些与作者创作的作品尚有一定区别的产品、制品或其他既含有'思想的表达形式'，又不能称为'作品'的内容（之上的权利）"。❶ 究其实质，邻接权产生于随着技术发展的著作权扩张过程中，体现了由新技术发展所催生的新利益群体重新划分利益分配格局的诉求。

随着 3D 打印技术的发展及普及，相应的供应商和服务商体系，包括但不限于工业设计机构、3D 数字化技术提供商、3D 打印设备经销商、3D 打印服务商等，相关的市场平台也会日益完善并形成新的利益群体。3D 打印设计图无疑是整个 3D 打印产业发展的基础，因为随着 3D 打印技术门槛的不断降低，普通人只要掌握如何使用支持 3D 图像处理的软件，利用 3D 扫描仪即可轻松地实现对身边物体的再复制，但是其仍然依赖已存在的 3D 设计图或者模型。❷ 可以说 3D 打印进入个人家庭，实现人人自由打印的目标，最大的障碍是产品设计图。由此，围绕 3D 图像设计，自然就会催生提供 3D 图像设计服务的 3D 设计机构。就像录音录像制作者为作品的传播提供有力推动一样，3D 打印设计图的制作者也为消费者快速便捷地获得产品设计，进而实现已有产品的再传播提供了极大的便利。

根据邻接权规则，如果制作者根据产品实物或者产品平面设计图制作成适用于 3D 打印设计文档，而他人未经其许可将该设计文档进行复制、发行或者传播，提供给第三人使用，那么除了侵犯原产品设计权利人的著作权以外，还侵犯了 3D 打印文档制作者的邻接权。

由于部分 3D 打印者不具备制作专业文件的能力，妨碍了其对产品设计通过 3D 打印加以利用，因此对于 3D 打印产品设计图制作者提供邻接权保护，将促进具有制作 3D 打印设计文档专业技能的经营者将产品设计转化为 3D 打印文件，从而使得普通 3D 打印者能够更为便利地制造、使用 3D 打印的产品。值得注意的是，现有的邻接权所保护的权利人均为形成了产业的主体，如图书出版者和表演者等，如果根据产品实物或者产品平面设计制作 3D 打印设计文档的经营性

---

❶　参见郑成思：《版权法》，中国人民大学出版社 1997 年版，第 52 页。

❷　参见王春玉、傅浩、于泓阳：《玩转 3D 打印》，人民邮电出版社 2014 年版，第 145 页。

活动也能形成产业,对该领域的邻接权得到法律的承认和保护将起到至关重要的推动作用。

由于按照产品设计图 3D 打印制造产品的行为会涉及工业设计机构、3D 数字化技术提供商、3D 打印设备经销商、3D 打印服务商及消费者等诸多主体,产品设计图的制作者难以对该过程实施有效的控制(交易成本过高),因此采用"债权规则"保障制作者能够享有"获得报酬权"是必然的选择。在这种保护模式下,权利人虽然对设计图不享有财产权,却可以在他人利用其设计图时获得相应的报酬,这既有利于实现对设计图实用功能的保护,也不会突破著作权法"不保护技术方案"的基本原则,同时有利于在 3D 打印产业各利益相关方之间维持利益的平衡。是否选择采用邻接权模式强化对 3D 打印设计图的保护力度,取决于国家 3D 打印产业的发展现状、前景以及国家相关政策导向,否则盲目地规定本不必要的独占性权利,赋予权利人过度的控制权,反而会影响产业的持续发展。

小　　结

在 3D 打印时代,面对非营利性的消费者 3D 打印产品的行为,产品设计创作者如果还只能借助成本价高并且限制较多的专利制度的话,在面临直接而不加修饰的原样仿冒时将难以维护其自身权益。因此,有必要打破著作权侧重保护具有审美意义作品的倾向,在有限的范围内将版权保护延伸至纯功能性产品的 3D 打印制造行为,只要这种制造仍然可以被视为对于产品设计的表达,而不是对技术方案的实施,以此来保护产品设计创作者的市场利益并推动 3D 打印技术得到更为广泛的合理利用。

第九章

3D 打印开放源代码硬件
许可协议著作权问题

一、3D 打印与开放源代码硬件运动

（一）前 3D 打印时代开源硬件运动面临的困境

开放源代码（简称开源）硬件是一项提倡将硬件（实物产品）的源代码（产品设计图）在由产品设计者、制造者和消费者组成的共享社区内交流分享的运动。在行为规范方面，该运动主要依据开源硬件许可协议展开。TAPR 开源许可协议在序言中指出，开源硬件运动的主要对象是产品设计信息（也包括据此制造的实物产品）。[1] 而该运动的主要内容包括两个方面：一是使得产品设计图能够为公众所获得，并对其进行使用、修改和传播；二是根据产品设计信息进行实物产品的制造、使用及销售等。

以计算机设备硬件为例，在开源社区内共享的资源包括中央处理器、内存控制器、外部设备、主板和主机其他部分组件的产品设计文档。对于购买了开源硬件主板电路的用户而言，有权获得产品设计图以及相关软件的全部源代码。例如，Arduino 开源硬件电路板的购买

---

[1]　TAPR 开源许可协议是美国德声业余便携式收音机协会（Tucson Amateur Packet Radio）组织制定的。该协议 1.0 版于 2007 年发布。该协会致力于数字化通信技术的国际性共享发展，尽管它是针对收音机领域的，但是允许将该协议应用到其他所有技术领域。

者可以访问完整的产品设计文档，以及所有源代码所附带的软件。[1]除此之外，购买者还可以根据自己的意愿对产品设计文档做出修改，然后进行再次的生产和销售。开放源代码软件运动先于硬件领域得到发展，并且已经取得了显著的成果，比较著名的例子包括 Linux 和 Android 操作系统。据估计，今后超过半数的软件源代码将会向公众开放。[2]相对而言，开放源代码硬件运动则存在停滞现象，知识产权问题成为其发展的主要法律障碍。3D 打印的出现为解决该问题提供了新的契机。

首先，对硬件进行设计、生产和传播的经济成本不断攀升，并成为开源硬件运动难以施行的重要原因之一。计算机软件由代码、数据编译而成，设计和制作过程中所耗费的硬件成本几乎为零。而硬件的生产则较为复杂，如果缺乏 3D 打印等快速成型的制造技术，即使生产商在资源共享中获得了硬件的设计图，也有可能因为难以取得特殊的原材料或者专门技术而无法生产。比如，生产电路主板需要一整套流水线并消耗相应的原材料，而获取该原材料可能比较困难。[3]在对产品进行改进或性能测试时，软件制造商只需要修改数据代码，而硬件设计将涉及产品模具、模型的试制和修改，其复杂程度显著提高。[4]因此，在 3D 打印技术开始出现并广泛应用之前，由于经济上的原因，某些小型开源社区可能很难与规模较大的制造商进行竞争。在产品流通领域亦是如此，基于互联网的软件传播交流既廉价又方便，而硬件的传播就需要高昂的物流运输成本，并承担相应的风险。因此，即使对作为源代码的产品设计文档进行共享，也存在制造与传

---

[1] Eli Greenbaum, Three-Dimensional Printing and Open Source Hardware, New York University Journal of Intellectual Property & Entertainment Law, 2013, 2 (2): 261.

[2] Rachel King, Big Companies Open up to Open-Source Software, Wall Street Journal, 2012-9-6 (5).

[3] Christina Raasch, Product Development in Open Design Communities: A Process Perspective, International Law Journal Innovation & Technology Management, 2011, 4: 557-575.

[4] Jim Turley, Open-Source Hardware, http://www.embedded.com/electronics-blogs/significant-bits/4023974/Open-Source-Hardware, 2015-4-15.

播成本高昂的问题。

　　其次，开放源代码硬件运动缺乏有约束力的许可协议。开源软件成功的核心因素之一，是其已经拥有了有效和可强制执行的授权框架，因为作为其核心要素的计算机软件受到著作权的保护，而开放源代码软件组织拥有制定行为规范以及设定可接受行为界限的权力。实际上，法律制度提供了有效手段用于保证对软件源代码共享社区中非合作成员的行为进行规范。然而，开源硬件涉及的对象比较复杂，不仅包括以数字文档形式体现的产品设计信息，而且包括由此制造出来的实物产品，传统上两者分别受到著作权和专利权两类风格迥异的知识产权法的保护。因此，相对而言，在开源硬件社区构建许可协议，并对共享行为进行管理是比较困难的。

　　许可协议缺失的根源在于缺乏稳固而有针对性的知识产权法律基础。就著作权而言，在开源硬件产品中有很多是具有功能性的实物产品，或者是审美要素与功能要素不能区分的产品，由于其并非单纯具有审美意义的美术作品，利用此类产品设计图制造实物产品的行为并不在著作权的保护范围内。❶ 所以，在开源硬件领域不能像软件那样简单地依赖著作权制定许可协议。同时专利法、合同法等也无法很好地适用于开源硬件。有效法律基础的缺失将导致难以建立具有足够约束力的许可协议，即使约定开放源代码的程度以及复制、改编行为的界限，也难以明确协议成员的权利义务，并造成制约侵权行为比较困难的结果，这成为开放源代码硬件运动亟须解决的法律问题。

　　另外，开源硬件运动还需要同时获得硬件制造商和软件开发商的支持。❷ 比如，开源软件领域的 Linux 操作系统得以蓬勃发展，除了广大软件爱好者的贡献之外，IBM 等大公司的积极推动也起到了重要作用；而微软公司则牢牢地控制了 Windows 系统的源代码，与其说是出于安全性的考虑，不如说是开放源代码的时机尚未成熟。对于

---

　　❶　参见黄玉烨、张惠瑶 "3D 数字模型的复制权保护探析"，载《中南大学学报》（社会科学版）2015 年第 5 期。

　　❷　凯文：《开源硬件简史》，http：//www.eefocus.com/Kevin/blog/07-06/2238_5cfa2.html，2015-3-10.

开源硬件运动而言，不仅需要硬件生产商支持，而且需要得到软件厂商的配合，因为多数硬件必须与所使用的软件相兼容。然而，即使在不同硬件生产商之间，对待开放源代码运动的态度也并不相同，造成该运动的拓展遇到产业上的困难局面。

（二）3D 打印对开源硬件运动的支撑作用

通常，产品设计者使用 CAD 软件进行制图，再将 CAD 格式的文件转换成 3D 打印机能够识别并操作的 STL 格式文件，后者包含了产品材料、质地、颜色等数据。CAD 文件和 STL 文件的关系类似于计算机软件中的源代码和目标代码，均可以受到著作权保护。

从历史进程来看，3D 打印技术的发展一直与开放源代码运动伴随前行。[1] 成立于 1986 年的 3D 系统（3D Systems）是第一家通过3D 打印技术营利的公司。此后，超过 30 种不同的 3D 打印技术被投入商业化使用中，使得公众参与 3D 打印活动具有比较好的技术基础和商业潜力。到了 2006 年，一些最初享有 3D 打印技术的专利权人共同建立了 RepRap 项目，这是一个免费开放 3D 打印源代码的项目，它依据 GPL（General Public License）协议条款向公众免费提供产品设计，公众有权使用并对其进行修改。通过开放源代码项目，使得公众能够较为便利并且更为积极地获得 3D 打印产品设计图，并参与到产品的 3D 打印及设计过程中。比如，Makerbot 公司就是在 RepRap项目中向消费者提供 3D 打印机的。[2]

3D 打印由于具备以上技术特点，因而能够为开源硬件运动带来两方面的支撑。

首先，3D 打印在技术和经济层面对开源硬件运动起到促进作用。其一，3D 打印有利于产品制造者跨越技术和经济门槛，成为有竞争

---

[1] Eli Greenbaum, Three-Dimensional Printing and Open Source Hardware, New York University Journal of Intellectual Property & Entertainment Law, 2013, 2 (2): 261.

[2] 参见 Michael Weinberg, What Happens When Patent Lawsuits Hit Home 3D Printing, http://publicknowledge.org/blog/what-happens-when-patent-lawsuits-hit-home-3d, 2015-4-10.

力的市场参与者。3D打印中生产工具与流程的简化大大削减了硬件生产成本，降低了生产的复杂程度，并且可以一次性地完成对硬件的生产和装配。从这个角度说，开源社区已经逐渐有了与大型制造商在商业上竞争的成本优势。使用者只要有 CAD 文件和一台 3D 打印机便可进行生产，不再需要复杂的生产流水线和工厂。❶ 其二，3D 打印扩大了开源硬件产品的范围。在所使用的材料方面，塑料、金属、陶瓷，甚至纳米材料都可以用于 3D 打印，这无疑扩大了 3D 打印的适用范围。而且，3D 打印还能够被用于制造传统方式难以实现的复杂几何立体产品和内部结构中有运动部件的产品。其三，3D 打印可以提高研制新产品的能力。传统的生产方式是先做产品模型，然后根据需要对产品进行"削减"式的修改，不仅步骤重复、烦琐，还会浪费材料。在 3D 打印环境下，设计者使用 CAD 软件进行设计时，通常会先绘制一系列的 2D 层面，然后将其层层叠加、拼接，从而形成一个完整的 3D 作品，这种"添加"式的制模方式为硬件设计的修改提供了方便。其四，3D 打印使得产品设计的开放和共享变得更为便捷。3D 打印将使得硬件产品设计的交流传播体现与软件类似的特点，呈现"版权化"趋势。由于设计图与产品具有一一对应的关系，所以只要进行 CAD 文件的共享就能够达到硬件共享的目的。为此，开源共享社区的成员可以建立相应的数据库。比如，Thingiverse 公司就提供了一个用于数字化设计文档共享的免费网络平台，用户将设计图及其后续的修改全部上传于此，内部成员均有权在一定条件下阅览、下载这些文件。

　　其次，3D 打印能够为依据法律规范制定开源硬件许可协议提供工艺基础。3D 打印所得到的功能性实物产品能够受到专利权保护，而 3D 打印所使用的产品设计图则受到著作权保护。3D 打印最主要的特点是设计图与产品能够相互对应，在一定程度上可以理解为"设计图即产品"。因此会产生两方面的技术效果：其一，在产品设计图

---

❶ Eli Greenbaum，Three-Dimensional Printing and Open Source Hardware，New York University Journal of Intellectual Property & Entertainment Law，2013，2（2）：261.

共享方面，3D 打印硬件源代码的传播必然涉及 CAD 设计文件的复制、传输；其二，在产品设计图实施方面，3D 打印工艺过程不可避免地涉及在 3D 打印机中对 CAD 设计文件进行复制、改编。由此使得知识产权法能够有效地介入开源硬件运动，并为制定许可协议提供现实基础，从而规范开源硬件的创新和传播行为。

二、以著作权为基础构建开源硬件许可协议

很多开源软件的成功都归功于一个事实，即它不仅有效地与传统软件行业融合，而且还根据知识产权法建立了有约束力的许可协议，为行业整合提供了条件。如果要以类似的方式为开放源代码硬件构建一个全球范围的制造业体系，就必须要有切实可行的法律依据和强制性的许可条款。

在法律规范方面，开源软件与著作权有着天然的紧密联系，而硬件则没有与之相对应的单一法定权利进行保护。如果不考虑 3D 打印所具有的技术特点，由于不同类型知识产权之间具有本质差异，将会使得开源硬件协议难以获得坚实的根基。TAPR 协议的序言中指出，难以像开源软件那样单纯地依靠著作权法作为制定开源硬件许可协议的基础。究其原因，在于依据产品设计图制造实物产品并进行使用、销售并不构成侵犯著作权。而以专利法或者合同法构建开源硬件许可协议也缺乏可行性。随着 3D 打印技术的引入，将使得著作权法可以像在开源软件那样在开源硬件领域发挥基础性的作用。

（一）专利权及合同约束存在的缺陷

1. 专利法

专利权固然保护力度较强，可以涵盖产品设计所包含的技术方案，而不像著作权只能保护设计图的直接表达。但是，提供和传播产品设计图的行为并不构成直接的专利侵权，使得权利人主张权利存在障碍。与此同时，专利保护还存在门槛和成本较高、程序复杂等缺陷，使得能够得到专利保护的 3D 打印产品着实有限，导致其不足以作为许可协议的法律基础。

第一，在保护标准方面，发明创造必须具有新颖性、创造性和实用性才能获得专利授权。即使对于技术含量较低的外观设计专利而言也增加了对创新程度的要求。然而，很多硬件都是以开源社区中其他成员的产品设计为模板，然后进行非专业性的修改，可能无法达到专利授权的标准。第二，专利申请、授权和维持的程序复杂，并且成本比较高。获得专利权需要向专利局提交申请，并经过法定的审查程序，获得授权以后还需要缴纳年费维持，何况不同国家对于同样的发明创造能否授予专利的决定并不一致，使得产品设计者获得专利权的意愿较低。第三，专利权属于纯粹的财产权，就标注创作者身份、提供产品设计图电子文档等身份性义务而言，并不属于专利侵权制度所规制的对象，专利人只能要求每一个下游用户都必须通过许可协议确保其产品的买受方承担相应的义务，这对于下游用户来说是不必要的负担，交易成本也过高。最后，专利权穷竭原则也不利于开放源代码义务的延伸。当专利权人自己制造或者许可他人制造的专利产品经过首次销售以后，对该专利产品便不再享有法律上的支配权，购买者再次转让或者使用都与专利权人无法律上的关联，因此无法保证开源硬件协议的义务能够在产业链上延续下去。

2. 合同约束

有学者主张可以通过合同法使得许可协议获得法律约束力，并将这种想法付诸了实践。TAPR 协议和 CERN 协议以合同的形式将硬件设计者、传播者、购买者和用户联系起来，并赋予了成员相关的权利义务。❶ 但是，合同约束存在两方面的缺陷，使其不足以成为构建许可协议的主要法律基础。

首先，合同的相对性决定了它只能约束合同的当事人，导致能够适用的主体范围较窄。许可协议可能在硬件设计者与直接购买者之间明确约定了诸如无偿使用、信息开放等权利义务，但却无法保证下游

---

❶　CERN 许可协议，是欧洲原子能研究组织（英文是 European Organization for Nuclear Research）在 2011 年由欧洲核子研究组织内部员工所制定的开放协议。

用户之间会完整地延续这种严格的义务要求。❶ 例如，TAPR 协议要求被许可人在提供产品的同时附上一份设计文档的复印件，但是这项规定只针对制造商，对下游用户没有约束力。开源硬件运动所涉及的群体比开源软件更广，部分成员不受合同约束的行为给其他成员所带来的风险也越大。为了解决这个问题，必须要求所有购买者和用户都负有同样的义务，这种链式关系无疑加大了交易成本，特别是对产业链较长的产业而言，其中任何一个环节的不连贯都可能使整条合同链断裂。例如，开源硬件许可协议的基本要求之一，是保证产品设计者的身份信息能够被此后的使用者所知悉，如果开源社区成员在对外销售产品时没有对购买者做出类似要求，设计者的权利也就无法得到充分保障。❷

其次，在开源协议合同条款中通常难以对违约责任的范围予以明确，使得合同法能够提供的救济有限。合同违约的一般补救措施是违约方对于守约方的经济损失进行赔偿。但对于开源硬件许可协议来说，该计算标准却无法适用，因为守约方难以提供证据证明准确的损失数额。❸ 而且合理的赔偿范围并不限于产品制造的材料成本，也应当包含设计者的创新思想，而且智力成果的价值应当在 3D 打印产品整体价值中占据主要比重，但是后者却无法用具体的数额来衡量。相比之下，美国版权法所提供的补救措施更为完备，该法并非以守约方的损失为标准去追究侵权人的责任，而是以违约方侵权的非法所得作为依据。美国联邦巡回上诉法院认为，开源许可制度的限制"很可能会使得这些强制执行的补救措施变得毫无意义"，因为合同法规定的补救措施作用有限，甚至几乎没有作用。❹ 因此，在合同法基础上所

---

❶ John Ackermann，Toward Open Source Hardware，University of Dayton Law Review，2009，34（2）：183-222.

❷ TAPR 协议第 5 条规定制造产品必须包含许可人的身份信息，但是这项规定同样不适用于下游用户。CERN 协议也未对下游用户提供任何有关设计者信息的义务。

❸ Eli Greenbaum，Three－Dimensional Printing and Open Source Hardware，New York University Journal of Intellectual Property & Entertainment Law，2013（2）：268.

❹ Jacobsen v. Katzer，535 F. 3d 1373，1382（Fed. Cir. 2008）.

构建的开源硬件许可框架是十分薄弱的，将给该运动的发展造成阻碍。

（二）著作权具备的优势

由于以专利法或合同法为基础制定 3D 打印开放源代码硬件许可协议存在缺陷，因此有必要回归到著作权法，并以此为基础构建许可协议，其优势主要包括以下几点。

第一，有利于充分利用 3D 打印工艺的技术特点。对于非 3D 打印制造技术而言，即使产品设计图属于著作权保护的图形作品，但是若据此所制造的产品是功能性的，则不属于作品范畴，也不会受到著作权法的保护。然而，考虑到 3D 打印技术的特殊性，使得著作权的实施可以贯穿整个制造过程。在 3D 打印工艺中必然涉及将设计文档在 3D 打印设备中进行复制的步骤，这属于著作复制权的保护范围。此外，3D 打印机通常要通过信息处理手段对于三维立体图进行平行面的切割，改编为多个连续的平面图形以供 3D 打印设备使用，这又涉及产品设计图的改编权。因此，尽管对于功能性（而非审美性）产品而言，从平面到立体的复制行为不受现行著作权法的保护，但是 3D 打印流程的特殊性又使得其必然涉及著作权问题。

第二，有利于保护设计者的人身权利。这一特点在开源软件运动中已有体现。著作权不仅可以保护创作者的财产权利，还涵盖署名权、修改权等人身权利。虽然开源硬件运动提倡产品设计的无偿共享，但是在交流的过程中有一项最基本的原则就是让每一个文件使用者都知晓该文件的原始设计者以及随后的修改者，并且知悉可以获得产品设计文件的途径。❶ 在部分产业中，尤其是航空航天、计算机等产业，不可能在产品上标注所有硬件设计者和修改者的身份信息，因而限制了作者署名权的行使。3D 打印对于产品设计图具有依赖性的特点弥补了这一缺陷。只要在 CAD 文件中稍作修改，便能够给产品

---

❶ Eli Greenbaum，Three-Dimensional Printing and Open Source Hardware，New York University Journal of Intellectual Property & Entertainment Law，2013，2（2）：263.

标注相关信息，以包含设计者的姓名、设计文件来源等内容。这既维护了作者权益，又使得所有下游用户可以获得所需要的产品设计信息。通过 3D 打印甚至可以制造客观上无法粘贴标签的产品，比如，化学物质和生物组织的模型等。同时，如果用户在共享过程中对原始文件做出修改，许可协议可以要求其将修改后的文件上传至共享社区，并在特定网站提供修改说明。若下游参与者对文件进行了修改又没有履行上述义务，将构成对原创作者著作权的侵犯。

第三，有利于整合复杂的供应链。供应链的结构复杂是现代化大规模生产的特点，最终产品的生产者会从不同上游生产者处购买零部件再进行组装。所以，在自动化、航空航天、计算机等产业中，某个零部件在到达最后用户之前往往会几经流转。前述的 TAPR 和 CERN 协议并没有强调各个环节的生产商有义务提供经其修改或结合的产品设计文件，因此难以起到整合产业链的作用。❶ 而基于著作权法对设计文件进行保护，能够确保产业链中所有的硬件购买者访问到原始设计文件，下游的中间销售商在不改变设计文件的前提下能够销售硬件产品，而不必承担开源许可协议以外的任何法律责任。

三、3D 打印开源硬件许可协议的主要框架

为了对开源硬件运动参与者的行为进行有效规范，充分实现 3D 打印的技术支撑功能，有必要对于许可协议的内容进行具体构建。该许可协议的基本目标是促进硬件源代码（产品设计图）的开放，赋予协议成员使用、复制、传播产品的权利，同时也规定了成员负有维护创作者和利害关系人利益的义务。以下所设计的许可协议条款以 3D 打印作为技术背景，并且以著作权作为法律基础，同时可以适用于所有领域的开源硬件活动。

（一）授权性条款

获得开源许可的成员对产品设计图享有永久的、非独占的使用

---

❶ John Mangan, Chandra Lalwani, & Tim Butcher, Global Logistics and Supply Chain Management (2d. ed.), Queensland, Australia: John Wiley, Sons Australia Limited, 2011: 40.

权。同时，使用者可以无偿地对产品设计图及其产品进行复制、生产、再生产、修改、传播或公开展览等，而创作者不得针对在 3D 打印机中的复制行为提起著作权侵权诉讼。为了保证授权的连续性，如果他人对产品设计图进行修改，并且将所得的新设计图进行公开传播或者产品销售，则意味着也应依据开源协议授权给其他人使用。❶

为防止专利权成为硬件源代码共享的障碍，可以在许可协议中规定专利侵权豁免，为产品制造行为提供法律保障。❷ 但是专利侵权豁免应当受到一定限制，尤其是对产品设计图进行了修改，并且据此所制造的产品落入了某项专利的保护范围时，不得主张侵权豁免。❸ 因此，对于专利权人所拥有的尚未纳入开源范围的专利权而言，不至于受到许可协议的影响。

该条款属于总纲性的规定，明确了开源协议成员享有的基本权利。这与开源软件运动类似，但是不限于对于设计文档本身的复制，而延及了对实物产品的制造、销售行为。❹ 如此降低了许可协商的交易成本并有利于产品的交流、共享。在该框架下，只要数字设计文件的使用者满足许可协议所规定的条件，将有权利用 3D 打印技术制造出设计图所对应的产品。

（二）义务性条款

3D 打印产品设计文档的使用者在行使权利的同时，也要遵循相应的义务，主要包括协议遵守义务、源代码提供义务、信息保留义务等。

首先，协议遵守义务。开源硬件共享社区成员有必要维持协议的

---

❶　TAPR 协议第 2.3 条对于构成修改后的产品设计图自动地受到该协议约束的"传播"行为的范围进行了限制。如果修改者将该修改后的产品设计图提供给第三方的目的仅仅是让对方为了修改者的利益制造产品，则不构成"传播"，该修改后的产品设计图也并不会自动地受到开源协议的约束。

❷　参见 CERN 协议第 3.5 条。

❸　参见 TAPR 协议第 2.1 条。

❹　参见张今、迟海生"开放源码运动对计算机软件保护的启示"，载《网络法律评论》2004 年第 2 期。

完整性。TAPR 和 CERN 协议均规定在其他领域适用该协议时不得修改其现有的条款。此外，开源许可协议还可以规定，成员只能依据该协议来分销设计文件及其衍生作品，同时有义务保证产品买受人继续遵循该协议，以此确保许可协议可以在产业链中流转下去。如果违反开源协议规定的义务，也将即刻丧失该协议所赋予的权利，当然这并不影响下游使用者的相应权利和义务。❶ 此外，如果对于产品设计图进行了修改，则修改者应当保证继续遵守该开源协议，尤其是依据该协议提供开放式的免费许可。❷

其次，源代码提供义务。在开源软件运动中，提供软件源代码被视为核心的义务，甚至被提议上升到法律层面。❸ 其目标是为了促进设计信息的交流共享。鉴于 3D 打印产品设计图可以通过网络低成本地进行共享，原始文件创作者应当公布提供源代码（产品设计图）的网站，该网站的资源必须是可下载、复制的；修改后的设计图或产品实物上都应当指明该网站，并将修改文件上传于此网站。❹ 对于产品设计图进行修改的，还应当主动并且明确地将该图发送给所有上游设计者。❺ 更重要的是，生产者在依据产品设计图制造产品后，在销售时应当向购买者提供产品设计图，这是开源运动的核心意义所在。至于提供的方式，可以通过邮寄或者网站下载。❻

再次，信息保留义务。由于创作者和修改者在产品设计图中标记了作者姓名、许可证明等作品基本信息，因此开源社区的成员不得擅自修改或去除。❼ 这保障了原始创作者和所有为硬件开发做出贡献的创作者的署名权。应当允许改变标注的大小和位置，以便于产品的合理设计，但是标注仍然要能够清楚地被他人识别。对于因为产品的形

---

❶　参见 TAPR 协议第 1.5 条。

❷　参见 CERN 协议第 3.4（e）条。

❸　参见张今、迟海生："开放源码运动对计算机软件保护的启示"，载《网络法律评论》2004 年第 2 期。

❹　参见 CERN 协议第 3.3 条。

❺　参见 TAPR 协议第 3 条。

❻　参见 TAPR 协议第 5.2 条。

❼　参见 CERN 协议第 3.1 条。

态而无法打印标注的特殊情况，则应将标注信息印制在最后用户所接收的产品外包装上。另外，如果协议成员将产品传播、售卖或通过其他方式流转到并非协议成员的第三人处，该成员必须确保对方不修改或去除产品的标注，并由后者要求产品的下游用户同样地不得修改或去除产品的标注。针对供应链复杂的产业而言，协议必须明确要求各个环节的生产商、制造商都完整地保存设计者的信息以保护其著作权，同时也起到了整合产业链的作用。

（三）免责条款

考虑到依照开源设计文档进行产品制造、销售、再加工的产业链比较复杂，需要设定相应的免责条款，对产品设计图提供者的责任进行合理限制，以提高其创作与传播的积极性。对于开源软件而言，许可协议同样也有免责条款。❶ 而开源硬件协议将免责的范围拓展到了实物产品中。

根据许可协议，创作者所提供的产品设计图是遵循"维持现状"模式的。❷ 因此，创作者只对直接销售的产品和所提供的源代码负责，不对他人下载产品设计图之后的使用、生产或销售行为负责。不管出于任何原因，许可人对于以下问题都不承当责任：（1）产品的经济价值、技术上的适用性等问题；（2）被许可人所遭受的任何直接或间接损失（包括物质利益、商誉、商业机会等方面）；（3）侵犯他人知识产权或者数据丢失的风险等问题。即使许可人提前知晓该产品可能会产生以上后果，也由产品使用者自身承担责任。对于不属于协议成员的第三人，产品制造者可以向其提供产品质量担保并收取相关费用，但是必须声明该行为只是个人行为，对协议其他成员之间或协议成员与第三人之间的权利义务没有任何影响。以此，可以免除许可人对于产品质量和知识产权问题的担保义务，同时对涉及第三人的特殊

---

❶　张韬略："开源软件的知识产权问题研究——制度诱因、规则架构与理论反思"，《网络法律评论》2004 年第 2 期。

❷　参见 TAPR 协议第 7.1 条和 CERN 协议第 5.1 条。

情况作出规定。

以上就是以著作权制度为基础所构建的开源硬件许可协议的基本框架。该协议保障所有 3D 打印产品的购买者能得到产品的基本属性和设计文件信息,以促进开源硬件运动的有效开展。同时,该协议还能够防止产品设计文件在 3D 打印的过程中被不合理地使用,维护了权利人的利益。在该许可框架下,产品设计者或权利人可以确信,协议将依法对下游购买者和使用者予以有效的法律约束。

小　　结

开放源代码硬件运动需要强有力的法律基础和许可协议作为支撑,以保证开源要素在产业链上的持续流转。3D 打印为开源硬件运动克服了经济上和技术上的障碍,知识产权法应当成为开源硬件许可协议的法律基础。通过对比,专利法和合同约束在所涵盖的 3D 打印对象和主体范围方面存在缺陷,在救济途径上也存在诸多不足。因此,选择著作权法作为许可协议的法律基础是比较合适的,但同时要避免专利侵权的风险。随着 3D 打印技术的发展,硬件制造也将类似于软件开发,并更为接近普通用户。有理由相信,3D 打印的未来有赖于网络数字版权自由交易市场和开源数据库建设,让更多的参与者分享到开源硬件运动所带来的经济利益,使该运动在 3D 打印和许可协议框架下得到更好发展。

第四篇　3D 打印商标法及其他问题

第十章

3D 打印商标侵权问题

3D 打印会引发商业标识可商标性及商标侵权问题。商标是"用以将某一企业所生产的某一商品或服务，与其他企业的商品或服务区别开来的一种文字符号或者其他标记"❶。商标受法律保护的理论基础与商标的功能息息相关。一般认为，商标的功能有三：一是具有指示商品来源的识别作用；二是具有保证商品质量的担保作用；三是具有美化和宣传商品的广告作用。如有学者所言："商标的原始功能在于表示商品的来源和出处，且与其营业有不可分离的关系，否则商标就失去其意义。"❷ 也就是说，商标最主要的功能是识别功能，商标的标识作用衍生出经济效益，消费者可借助商标做出正确的购买决定，经营者则借助商标推销自己的商品，占领市场并建立信誉。

一、3D 打印模型可商标性问题

(一) 商业外观

当前，3D 打印技术被越来越多地应用到人们的日常生活之中，能够打印出更为复杂、更具美感的生活用品。3D 打印技术无疑会加大商业外观侵权的可能性。商业外观是指商品或者服务的外部特征，

---

❶ ［美］威廉．M. 兰德斯、理查德·A. 波斯纳：《知识产权法的经济结构》，金海军译，北京大学出版社 2005 年版，第 214 页。

❷ 曾陈明汝：《商标法原理》，中国人民大学出版社 2003 年版，第 10 页。

包括其形状、样式、装潢、颜色或其他外观上的整体性特征。❶ 我国商标法尚未提供商业外观保护。《与贸易有关的知识产权协议》第 15 条并未对商标的构成要素进行限制，只要求其能够区别来源。据此推断，商业外观作为一种标记的组合，应当属于商标的表现形式。但是，我国商标法中的"商标"并不能与商业外观形成包含关系，而是有部分交集的两个集合。❷

通说认为，"商业外观"包括商品包装、生产经营场所、服务方式等多种品牌要素，共同营造相应的品牌形象。❸ 如果构成商业外观的若干要素符合商标的构成要件，则可以作为商标加以保护，但在程序上需要进行商标注册。❹ 然而，"我国狭义的商标法并不能保护所有形式的商业外观"，并非所有的商业外观均可以注册。❺ 在 3D 打印领域，存在大量消费者参与设计的未经注册的商品外观，因此通过商标法尚不足以提供充分的保护。

此外，还有两种方式处理涉及商业外观的保护：一是通过著作权、专利权对于商业外观的构成要素进行保护；二是适用《反不正当竞争法》第 5 条关于知名商品名称、包装、装潢的规定。著作权法对作品独创性的要求较低，只要不属于抄袭，两件非常相似的作品均可受到著作权保护。由于 3D 打印技术精密度高，较容易制造出外形十分相似的产品，但只要该产品是独立创作出来的，就允许两个产品分别获得著作权，很难对其中一件产品设计给予特殊保护。就外观设计专利而言，尽管要求具有新颖性和显著区别，但是与商标权类似，对

---

❶ 孔祥俊："论商业外观的法律保护"，载《人民司法》2005 年第 4 期。

❷ Silvia Beltrametti, Evaluation of the Design Piracy Prohibition Act: Is the Cure Worse than the Disease? Northwestern Journal of Technology and Intellectual Property, 2010, 8（2）: 147-173;

❸ 唐广良："最高的商标战略"，载《法人》2006 年第 4 期。

❹ 张丹丹："影视节目名称的法律保护路径探析"，载《当代法学》2015 年第 1 期。

❺ Simon Bradshaw, Adrian Bowyer and Patrick Haufe, The Intellectual Property Implications of Low-Cost 3D Printing, Scripted, 2010, 7（1）.

于未注册外观设计专利的商品外观不给予保护。❶ 最后，我国反不正当竞争法对商品外观的保护范围限于"知名商品"。在 3D 打印领域，由消费者参与的产品设计多数并未取得知名商品的法律地位，其他经营者可以不受限制的模仿。❷

（二）商标权的标志权

商标是用来区分商品或者服务的，其最基本的特性是标识性，商标权由此而成为一种标识权。针对 3D 打印产品主张商标权同样属于标识权的性质，商标原始使用者必须在商标法意义上使用了商标标识。对于商标法有关商标权的规定，需要从商标标识的法律属性上进行理解。

3D 打印中涉及未注册商标的法律保护问题，未注册商标受保护的前提条件是该商标已实际具有识别作用，而不仅仅是具有识别商品或者服务来源的显著性和可能性。《商标法》第 13 条第 1 款关于驰名未注册商标的规定和第 31 条关于在先使用并具有一定影响的商标的规定，《反不正当竞争法》第 5 条第（2）项关于知名商品特有名称、包装装潢的规定，均体现了这种要求。❸ 商标使用人就未注册商标主张权利的，必须具有将该标识用作商标的意思。如果他人在 3D 打印产品中使用该标识，但原使用者并无将其用作商标的意思，则该他人并不构成商标侵权。

因此，在 3D 打印产品中无论使用的是注册商标还是未注册商标，其受法律保护的基础都体现在该标志所具有的识别性上。3D 打印产品制造者在相同或者类似商品上使用相同或者近似商标，能够产生与原商标使用者商品或者服务来源的混淆的，即构成对于商标识别性的侵害，将构成商标侵权行为。

---

❶ 2008 年修改专利法后对于外观设计要求"现有设计或者现有设计特征的组合相比应当具有明显区别"，即增加了对创新程度的要求。

❷ 孔祥俊："论商业外观的法律保护"，载《人民司法》2005 年第 4 期。

❸ 孔祥俊："商标的标识性与商标权保护的关系"，载《人民司法》2009 年第 15 期。

（三）立体商标通过使用获得显著性问题

我国商标法已经承认立体标识可以获得商标保护，前提条件是该立体标识需要具备显著性。除固有显著性以外，商标还可以通过使用获得显著性❶。包括立体标识在内的描述性或装饰性标志经过长期使用如果被消费者认可，产生了标示产品出处的第二含义或者次要含义，则获得了商标法所要求的显著性，能够取得商标保护。在美国商标法上，产品设计商业外观要获得商标保护也需要具备第二含义，可以基于"由申请人在声称具有显著性之前五年内作为商标实质性连续地独占使用的证据"来加以证明。然而，由于存在 3D 打印文档的传播，实质性独占使用将非常难以证明，该标准应当进行调整。因此，对于使用方式的认定将由于 3D 打印的出现而发生变化。❷ 如果商标权利人在推出新款饮料瓶后，很多消费者通过 3D 打印使用该产品，而家庭使用也被法院作为商业使用考虑在商标认定的范围之内，那么通过实质性独占使用获得第二含义的可能性是几乎不存在的。另外，该立场也意味着个人 3D 打印立体标识可能会侵犯三维商标。由此会出现一种循环现象，三维标识所有者无法阻止个人使用，但是必须向其主张侵权以维持商标权利的有效性，否则该权利便得不到法律认可。因此，个人 3D 打印三维标识的行为是否被界定为商业使用将对商标权能够得到认可起到关键作用。应当综合考虑对商业利益的影响，由于家庭制造标识并不会导致混淆，因此不应被认为是侵权。

（四）虚拟数字模型

3D 数字模型的功能属性可能成为获得商标保护的障碍。在特拉菲克斯案中美国联邦最高法院认为，如果产品主要设计对于实用功能非常关键，或者对于实现产品目的很重要，或者影响产品质量时，那

---

❶ Wal-Mart Stores, Inc. v. Samara Bros., Inc., 529 U. S. 205, 216（2000）.

❷ Stacey L. Dogan & Mark A. Lemley, Grounding Trademark Law Through Trademark Use, Iowa Law Review, 2007, 92: 1669-1700.

么该设计则是功能性的，不能获得商标保护。[1] 从技术角度来说，3D 打印使用的数字模型具有明显的功能性，即能够通过加载到 3D 打印机中制造产品，是否由此就不给予商标保护存在争议。

二、3D 打印商标侵权认定的困境

如果 3D 打印实施者是以营利为目的的经营者，在侵权行为性质的认定上尚不存在法律上的困难。个人使用领域将对现有商标侵权判定规则形成最大的挑战，商标权人主张权利将面临比较明显的法律障碍。消费者的 3D 打印行为虽然侵害了商标权人的市场利益，但是很难认定其构成侵权，包括直接侵权或是间接侵权，并要求其承担侵权责任。

（一）直接侵权

第一，非商业性使用不构成商标侵权。尽管《商标法》第 48 条对典型的商标使用行为进行了列举，但是仍然规定了兜底性条款，因此在实质上要求商标的侵权性使用必须发生在"商业性活动中"。因此，即使模型文件复制了产品的商标，但如果消费者打印产品进行个人使用而且不进行销售，这就不构成我国商标法上的商标使用。且根据该条规定，构成侵权的商标使用，包括将商标用于商品、商品包装或者容器以及商品交易文书上，或者将商标用于广告宣传、展览以及其他商业活动中。另外，假如某人设计并公开传播含有注册商标的产品设计图电子文档，是否构成侵权将变得更为复杂。虽然包含商标会涉及商标的使用，但问题的关键是商标（能用于制造商品的数字图像和数字文件的一部分）是否用在注册商品上或与注册商品相关联。如果复制商品不展现或不使用原始制造商的商标，那么这种复制很可能就不是假冒，也不构成对商标权的侵犯。

商标法将非商业性行为排除在侵权范围之外，是基于在传统上个人用户生产商品的经济成本和技术门槛较高，且商品生产和销售的规

---

[1]　TrafFix Devices, Inc. v. Marketing Displays, Inc., 532 U. S. 23 (2001).

模有限，不会明显地妨碍权利人的利益。况且从维权的成本角度来说，追究个人的侵权行为并不经济。

然而，随着 3D 打印的出现和拓展，商品的生产成本将被极大降低，个人制造行为的实施范围将大幅度扩大。消费者将不愿意支付高价去购买知名商品，转而以较低廉的费用去购买原材料，再自行打印所需产品。这将从根本上妨碍商标权人正当地行使权利和实现利益。商标法所构建的利益平衡机制也将被打破。

值得注意的是，权利人出于成本的考虑，实际上可能很少会对个人 3D 打印行为提起商标侵权诉讼，但认定该行为的侵权性质仍具有现实的法律意义。原因在于，构成间接侵权通常必须以存在直接侵权行为作为前提条件。❶ 3D 打印商标直接侵权人的缺失，将导致间接侵权行为也难以得到有效的追究。

第二，传播和销售 3D 打印产品设计图不构成直接侵权。尽管产品设计图数字模型是 3D 打印的关键要素，可以说获得产品设计图等于获得产品，但是二者的法律地位仍存在显著差异。我国商标法上的侵权行为均以商品已经得到实际制造为前提。❷ 由于 3D 打印设计图并非实物商品的一部分，而只是制造产品步骤中的一个要素，因此对其传播和销售的行为并不构成直接侵权。

（二）间接侵权

商标的间接侵权是指行为人主观上存在诱导、教唆和帮助他人侵犯商标权的故意，客观上为侵权行为提供物质和技术条件，并且给商标权人的合法权益造成损害的行为。我国《商标法》第 57 条第 6 项规定了"为他人侵权提供便利"的帮助性侵权，而《商标法实施条例》第 75 条进一步明确了"提供便利条件"包括"为侵犯他人商标

---

❶ 王迁、王凌红：《知识产权间接侵权研究》，中国人民大学出版社 2008 年版，第 4 页。

❷ 根据《商标法》第 57 条、《商标法实施条例》第 76 条及相关司法解释，侵犯注册商标专用权的行为主要有假冒、仿冒注册商标行为，销售侵犯注册商标权的商品，伪造注册商标标识及更换商标等。

专用权提供……网络商品交易平台"。在 3D 打印环境下，虽然产品设计图的提供者以及相应的网络经营者并没有实施直接的商标侵权，但是能够为 3D 打印侵权产品提供实质性的帮助，并且可能是实际的受益者。❶ 因此，商标权人将更有动力针对间接侵权者主张权利，但是仍然存在法律上的障碍。

首先，对于诱导侵权而言，要求行为人应当明知商标权的存在，并通过明示或者暗示的手段引诱他人实施商标侵权行为。但是，在 3D 打印领域，在认定行为人的主观心态上却存在困难。在美国商标判例中，曾经采用过"漠不关心"和"故意无视"等规则。前者只要行为人知道侵权风险的存在，并且消极地无视该风险而实施行为；后者则不仅要求行为人认识到存在较高的侵权可能性，而且要采取积极的措施以避免对侵权事实的查证，从而提高了认定标准。通常而言，原告有责任证明被告明知其行为构成或者极有可能构成对商标权的侵犯，并且故意实施。然而，在网络环境中，除非原告采取发出侵权通知等方式告知，否则将难以证明。

其次，对于帮助侵权来说，要求行为人知道或者有理由知道他人的行为将构成对商标权的侵犯，仍然为其提供实质性的帮助。认定此类侵权存在三方面的困境：一是在主观上，要求被告明知直接侵权人侵犯了特定主体的特定商标权，否则难以要求其承担责任；二是在客观上，由于商品零部件必须是有形物，而被告提供的 3D 打印设计图属于抽象的信息，不能作为商品的组成部分，因此难以构成侵权；三是在结果上，即使 3D 打印设计图带有商标，但在（网络）传播时产品尚未被实际打印出来，不存在或者很难查证直接侵权行为，使得难以认定被告帮助实施了侵犯商标权的行为。

最后，网络经营者的间接侵权问题。网络经营者虽然可能并不知晓其提供下载的 3D 打印设计图涉及商标侵权，但是在商标权人发出了删除或屏蔽通知的情况下依然进行传播，则构成帮助性间接侵权。

---

❶ 叶赟葆："论商标在先使用之保护——兼谈我国《商标法》第三次修订"，载《中南大学学报》（社会科学版）2013 年第 4 期。

对此，有两个问题值得注意。其一，单纯的展示 3D 打印设计图并不构成商标侵权，因为不产生使用产品的实际技术效果，不构成对商标的使用。其二，产生延伸性商标间接侵权问题。传统上，商标间接侵权所引诱或者帮助的对象应当是直接侵权行为。但是，在 3D 打印技术出现后，由于提供产品设计图成间接侵权，那么网络服务提供商为其提供传播平台，则属于"次级的"或者"间接的"间接侵权行为，类似于第四章内容所论述的专利间接侵权问题。考虑到对利益格局的挑战问题，应当对此进行法律规制。

（三）商标侵权虚拟化问题

3D 打印带来商标使用虚拟化的现象，使用者在产品设计图中加上商标标记并传播，但是并未实际打印物品。此类行为可能会损害商标权人的市场利益，但是由于缺乏实物产品而不构成传统的商标侵权行为。售后混淆原则要求，构成侵权性使用商业外观，即使消费者没有混淆来源也给商标所有人带来了损害。这时即使没有混淆，也损害了商标所有人的声望。因为仿冒品减少了知识产权所形成的产品稀缺性，以及代表一定地位象征的能力。

对于 3D 打印产生的商标虚拟使用是否构成侵权，是一个存在争议的问题，目前并没有法院的判例说明虚拟模型是否能够成为商标保护的对象。商标权利人可能会主张第三方通过虚拟模型实施的行为侵犯了其现实世界的商标权❶。此类案件都集中针对林登（Linden）研究实验室拥有的第二生命系统。其中一个案子，塔赛尔（Taser）国际公司起诉林登实验室侵犯了他们的文字商标、产品商业外观、不正当竞争和外观专利，该案双方随后达成了和解。赫尔曼·米勒主张第二生命系统中销售虚拟模型的当事人侵犯了其商标权。随后，米勒决定亲自在第二生命系统中销售带有自身商标的虚拟家具。两个案子都

---

❶ Darrell G. Mottley, Intellectual Property Issues in the Network Cloud: Virtual Models and Digital Three-Dimensional Printers, Journal of Business & Technology Law, 2014, 9: 151.

触及了在虚拟模型中销售带有商标标识的实物产品的问题。通过 3D 扫描获得的实物品的虚拟模型有可能侵犯该实物品外形的商标权。另外，在互联网世界销售自己设计的虚拟模型的公司，需要对于该模型获得一项商标权，因为产品外形本身就带有商标性质。此时，虚拟模型设计者销售其带有商标的模型，可以增强其获得显著性的可能性。特拉菲克斯案中的功能性标准可能会对虚拟模型中的产品外观获得商业外观权利形成威胁，因为该虚拟模型可能是对实物产品的 3D 打印再现，如果 3D 打印模型的重要功能在于制造实物产品，那么它可能会被认为其主要功能在于使用。功能性特征会妨碍 3D 虚拟模型通过使用取得专用权，并获得法律保护。

三、3D 打印中商标侵权判定之理论探讨

3D 打印中商标侵权问题的认定是基于商标侵权理论基础之上的。在此有必要对商标侵权的理论进行简要分析、梳理。

（一）混淆理论

通常认为商标侵权是指未经商标所有人同意，擅自使用与注册商标相同或近似的标识，或者妨碍商标所有人使用注册商标，并可能导致消费者产生混淆的行为。[1]

简单来说，混淆分为两种：一种是直接混淆或者狭义的混淆，即消费者无从分辨产自不同企业的商品；一种是间接混淆或者广义的混淆，即消费者知晓某一商品并非由某一企业生产，但却可能认为该企业与实际生产者之间有某种许可、赞助、参股或商品化等关系。因此，3D 打印商标使用者并未获得商标权人授权，却使消费者误认其受到权利人的控制，则构成混淆。只要消费者在依赖于某一特定的商标去寻找特定的厂商的产品时，却发生了迷惑，不能正确分辨，即可

---

[1] 吴汉东：《知识产权基本问题研究（分论）》，中国人民大学出版社 2009 年版，第 450 页。

认定产生了混淆。❶ 混淆理论是建立在商标的识别功能之基础上的，导致消费者对商品来源产生混淆、误认，是认定侵犯商标权的实质要件。反之，则不构成商标侵权。

在 3D 打印的商标侵权认定中，也应当以混淆理论为基础。在判断是否构成混淆时，除了参考商标的相似性和所涉及产品的相似性外，还应当结合 3D 打印自身的特点，根据不同的情况作出具体分析。3D 打印受到所使用材料和打印精度的限制，其制造的产品与工业化规模生产所制造的产品在外形和质量上会有所不同，如果个人制造 3D 打印产品并使用，构成直接混淆的可能性不大。因此，更有可能的是构成间接混淆。

（二）淡化理论及淡化侵权

1. 淡化理论

关于淡化理论的最早提出，一般认为，出自耶鲁大学法学院教授弗兰克·施特勒（Frank Schechter）在 1927 年于《哈佛法学评论》（Harvard Law Review）发表的《商标保护的理论基础》（The Rational Basis of Trademark Protection）一文。❷ 该文认为："在所有这些案件中，必须结合商标的功能，才能测算真正的损害。这种损害表现在，由于被使用在非竞争的商品上，商标或名称在公众心目中的形象和影响被逐渐削弱或降低。商标越是显著或独特，给公众留下的印象就越深，防止该商标与其特定商品之间的联系被削弱或消失的需要就越强烈。"❸ 比如，人们一提到"NIKE"就会联想到高品质的运动产品，假使有人擅自在化妆品、化肥、农药上注册"NIKE"商标时，就可能不会联想到高品质运动产品了。

我国尚未对商标淡化专门立法，美国则对商标淡化制定了专门法

---

❶ 黄晖：《驰名商标和著名商标的法律保护》，法律出版社 2001 年版，第 60-61 页。

❷ Frank I. Schechter Source, The Rational Basis of Trademark Protection Author, Harvard Law Review，1927，40（6）：813-833.

❸ 黄晖：《驰名商标和著名商标的法律保护》，法律出版社 2001 年版，第 142－143 页。

律。在美国联邦《商标反淡化法》中，将商标淡化定义为：减少、削弱驰名商标对其商品或服务的识别性和显著性能力的行为，不管在驰名商标所有人与他人之间是否存在竞争关系或者存在混淆和误解的可能性。世界知识产权组织《关于反不正当竞争保护示范法》第3条有关淡化的定义为：降低商标、厂商名称或其他企业名称，或产品外观或产品或服务介绍，或名人或著名虚构人物的区别特征或广告价值。

2. 商标淡化的主要形式

首先，商标弱化。这是指将他人的驰名商标使用在非竞争性商品或者服务上，以及使用在相同或类似的商品上的行为，此类行为虽不至于造成混淆但可能导致消费者产生联想。使得最初存在的商品与商标之间的唯一联想变得日渐模糊，从而使驰名商标大打折扣。由于3D打印产品设计和制造方便，使用者更有可能将商标标识使用到其他领域的产品中并加以传播，使得商标标识在本领域的区分作用减弱。

其次，商标丑化。指对驰名商标所代表的企业形象或信誉的破坏或负面影响。其方式有二：一是在不良环境（不洁或有伤风化的背景下）中使用著名商标；二是将著名商标使用在质量低劣的商品或普通商品上。由于3D打印所制造的产品质量、精度可能不及工业化大生产，这类产品投入市场可能会引发对经授权生产产品质量的不信任，因而造成对商标信誉的丑化。

最后，商标退化。这是以间接曲解的方式将驰名商标误解为有关商品的通用名称。由于3D打印会使得未经授权的产品快速传播和制造，因此权利人对于侵权行为将更加难以控制。如果权利人不及时加以制止或者怠于行使权利的话，可能会造成具有显著性的标识退化成产品通用名称。

3. 淡化侵权的判定

3D打印商标侵权认定中也应当适用商标淡化侵权规则。关于淡化侵权的判定，通说认为，认定时并不需要考虑行为人的主观过错。因为各国立法在对商标淡化进行规制时，并未将"明知"或"应知"是他人的驰名商标作为商标淡化的构成要件，司法裁判中也无须在判定行为人主观上有无过错的问题上投入裁判成本。❶ 结合这一理论，可以总结出的 3D 打印淡化侵权行为构成要件有三：损害事实、违法行为、违法行为与损害事实的因果关系。这里的损害事实应做广义上的理解。与传统商标侵权类型不同的是，3D 打印商标淡化所造成的损害不在于混淆及误认，而在于联想的产生弱化了的商标在公众中的独特形象，削减了商标的资产价值。同时，混淆和淡化在所造成损害的直接性和可测量性方面有所不同。混淆造成的损害比较直接，并且通常可以测评；淡化的本质属性在于不知不觉使得商标价值消失，因此损害几乎是不能直接转化为损失的，实际上它是不可量化的。

四、3D 打印商标侵权认定规则的完善

（一）取消"商业活动中使用"作为侵权构成要件

当 3D 打印技术被广泛使用，特别是拓展到个人制造产品时，有必要取消我国《商标法》第 48 条中的"商业活动中使用"要件，要求个人 3D 打印者也承担侵权责任，以应对给商标权人市场利益造成的损害。《与贸易有关的知识产权协定》第 16 条和第 17 条将"商业性使用"作为构成要件，属于传统技术时代的立法选择，3D 打印技术将打破由此构建的利益平衡。仍然坚持原有的规则将使得商标权人不能追究 3D 打印消费者的侵权责任。此外，将个人 3D 打印纳入直接侵权行为的范围，有助于权利人通过主张间接侵权责任等方式维护其市场利益。

有必要实行弹性标准判断商标权的个人使用。目前，关于个人不以经营为目的使用商标不构成侵权的规定采用封闭的立法模式，虽然能够有效限制法官的自由裁量权，但不可能穷尽实践中出现的所有问题，缺乏灵活性。应当在现有列举式规定商标合理使用情形的基础上，增加弹性判断标准，赋予法官一定的自由裁量权，以便应对 3D 打印带来的许多新问题。具体标准应包括以下几方面：第一，个人使

---

❶ 尹西明、易萍："商标淡化理论与立法探析"，载《法学论坛》2005 年 3 期。

用的目的和性质。个人使用必须是善意、非营利为目的的使用。善意，是指行为人在生产、制造或使用他人 3D 产品时，没有损害他人权益的意图。非营利，指的是行为人生产、制造或使用他人的 3D 产品只是寻求单纯个人需要的满足，而不是从 3D 打印中获取经济利益。第二，个人使用的数量和价值。应当明确商业规模使用的数量标准。超出豁免标准的 3D 打印制造行为均构成侵权。最后，明确个人使用对商标权人潜在市场的影响程度，并以此作为判定构成侵权的标准。3D 打印技术的发展，使得生产成本被极大降低，这将从根本上妨碍或者动摇经营者利益。《与贸易有关的知识产权协定》第 17 条规定："各成员方可对商标所赋予的权利作些有限的例外规定"，"条件是此种例外要考虑到商标所有者和第三方的合法利益"。考虑到 3D 打印对于权利人利益的影响，其在国内立法中应当采取更为严格的侵权豁免标准。

在此基础上，应着重对于个人恶意实施 3D 打印商标标识的行为进行规制。如果行为人明知或者根据所处环境信息应当知道侵犯他人商标权，不应当免除其直接侵权的责任。与此同时，国外有学者提出，为了提高共享产品设计的积极性，应当免除善意 3D 打印使用者的侵权责任。❶ 因此，应当限制善意 3D 打印消费者的直接侵权责任，不应对其施加过高的注意义务。

（二）拓展商标间接侵权行为

首先，缓和间接侵权的主观要件。在主观方面应不限于故意，对过失也应放宽认定标准。在诱导侵权领域，可以借鉴前述"对于已知侵权风险故意漠不关心"的标准，只要行为人已经或者应当认识到自身行为具有侵权风险，并且未采取积极措施加以避免，即可认定其存在过错。例如，如果行为人明知根据其提供的 3D 打印设计图所打印的产品存在较高的商标侵权风险，而依然通过互联网或者其他途径进

---

❶　D'Elia, Salvatore, Replicant: 3D Printing and the Need for a Digital Millennium Patent Act, Law School Student Scholarship (Paper 457), 2014: 1-31.

行提供，便构成诱导侵权行为。

对于"帮助侵权"而言，原告可以通过向被告发出详尽且真实的警告函来推断对方已经知晓。而对于任何一个理性人来说都明显存在的侵权行为，商标权人可以不用经过发警告函而直接向法院起诉。考虑到提供 3D 打印产品设计与实施 3D 打印行为在主体和时空上的相互独立性，在认定间接侵权时，并不要求两类行为人有意思上的联络或者存在共同的目的，商标权人可以单独对间接侵权人提起诉讼。对于前述"次级的"间接侵权行为而言，有必要在 3D 打印环境下对其进行法律规制，要求其承担间接侵权责任。

其次，明确间接侵权责任分配制度。只有间接侵权而不存在直接侵权时，例如，有 3D 打印数字模型传播行为，但尚未由 3D 打印者实施打印，则由前者独立地承担侵权责任。同时存在两类侵权行为时，由 3D 打印实施者和 3D 打印产品设计图传播者分别承担直接和间接侵权责任。由于两者损害后果程度不同，因此不能一概要求间接侵权者承担连带责任。对于诱导侵权而言，间接侵权人存在明显的主观过错时，应当与直接侵权人承担连带责任。在帮助性间接侵权的责任划分中，要考虑如下因素：两类侵权者行为相互结合造成损害，在结果上具有同一性；两类侵权者均无过错，或者缺乏过错意思联络；侵权责任的主要功能在于填补商标权人的损失，而非依据过错对侵权人进行惩罚。因此，行为人应当根据其各自实施行为对于损害结果的"原因力"大小按份承担侵权赔偿责任。❶ 考虑到 3D 打印克服了产品制造技术门槛，3D 打印文档传播者具备的"原因力"更强，应当在造成损害结果中承担主要责任。

再次，在结果要件上，间接侵权行为应当已经实际发生，并且给商标权人造成了经济损失。例如，商标权人也销售 3D 打印数字模型，由于侵权行为而减少了销量。在因果关系中，只要行为人没有尽到合理的注意义务，诱导、帮助直接侵权人或是放任了为其提供便利

---

❶ 原因力是指在构成损害结果的共同原因中，每一个原因对于损害结果发生或扩大所发挥的作用力。参见杨立新《侵权责任法》，法律出版社 2010 年版，第 108 页。

条件的行为，导致损害结果的发生或扩大，就可以认定属于导致损害结果的间接原因。❶ 例如，行为人传播 3D 打印数字模型导致了 3D 打印者制造、销售了实物产品，损害了权利人的市场利益，即可认定构成间接侵权。

（三）将"避风港"规则引入商标领域

如前所述，"避风港"规则源于美国千年数字版权法，又称为"通知＋移除规则"❷，在著作权领域能够减轻和限制网络经营者需要承担的间接侵权责任。在 3D 打印时代，网络经营者难以事先对所提供的 3D 打印产品设计图进行商标侵权审查，而"避风港"规则能够为其提供法律保障，可以将其进行合理改造并引入商标侵权豁免中。

网络服务经营者主张侵权豁免，需证明只提供 3D 打印模型文件的存储空间，并不制作网页内容，实际上不知道也没有意识到存在侵权行为❸；当接到商标权人的通知存在侵权时，有义务将其删除或者屏蔽。

在通知标准方面，应当采用较为严格的标准。实践中，商标权人所发出通知的效力可能会受到质疑。根据调查，在美国有 31％的网络著作权侵权通知是存在缺陷的，如权利有效性存在瑕疵，或者被控侵权者具有明确的合理使用抗辩等。❹ 当然，也存在经营者出于损害竞争对手商誉等恶意发出通知的情况。对于商标权而言，权利的有效性和稳定性问题显得更为突出，例如，是否得到核准注册等。如果商

---

❶ 王迁、王凌红：《知识产权间接侵权研究》，中国人民大学出版社 2008 年版，第129 页。

❷ 王迁："论'信息定位服务'提供者'间接侵权'行为的认定"，载《知识产权》2006 年第 1 期。

❸ 胡开忠："'避风港规则'在视频分享网站版权侵权认定中的适用"，载《法学》2009 年第 12 期。

❹ Mike Masnick，Copyright as Censorship：Newport Television Abusing DMCA To Try To Silence Criticism，Newport Television，2011，July 1st：11.，http：//www. techdirt. com/ articles/20110712/03450915054/copyright-as-censorship-newporttelevision-abusing-dmca-to-try-to-silence-criticism. shtml.

标权人作为发出涉嫌侵权通知权利基础的，仅是申请注册还未核准的商标，则可能产生权利滥用的问题。商标权人应当提供其商标真实有效的证明，以便网络经营者判断移除产品设计图的必要性。

（四）保护商标权人所采取的技术措施

技术措施在版权法中具有独立的法律地位。在 3D 打印时代，有必要将破坏技术措施的行为也认定为商标侵权。商标权人可能会采取两类技术措施：（1）对 3D 打印产品设计图数字文档的传播和修改进行权利管理；（2）对 3D 打印机所能够打印的产品内容进行技术控制。❶ 第一种技术措施的目的是为了防止对产品设计图本身进行非法的复制、修改，只要其能够有效地控制文件的访问和使用就应给予保护。第二种技术措施则主要是为了防止 3D 打印违法产品，以避免传播危害公共安全的技术。如果将识别的范围拓展到涉嫌侵犯商标权的产品，防止 3D 打印与商标标识数据库中的 3D 数字模型相匹配的产品，将可以有效地控制通过 3D 打印实施侵权性的制造、销售和使用行为。

对于技术措施的保护应当避免导致商标权的滥用。判断合理使用的重要标准是对潜在市场的影响程度，而这种程度的大小通常取决于合理使用的数量或价值。如果技术措施使得某种（特别是占有市场支配地位企业生产的）3D 打印机只能打印某个商标权人所提供的 3D 打印设计图，将导致对相邻市场的垄断，限制了公众自由选择权。对此，可以基于滥用市场支配地位和获得非法垄断利益的理由不给予保护。在 3D 打印时代，确定被使用的数量或价值，应当以社会公众使用的总量或总价值作为判断标准，而不是以某个个体单独使用数量来界定。从技术角度看，国家知识产权管理部门有必要针对 3D 打印行业，联合建立三维数字模型数据库，鼓励权利人及时在该数据库上传知识产品的三维数字模型并进行登记，可以强制要求 3D 打印机的制造商在打印机中安装"识别控制"系统。通过技术手段识别，如果待

---

❶ 姚强、王丽平："'万能制造机'背后的思考——知识产权法视野下 3D 打印技术的风险分析与对策"，载《科技创新论坛》2013 年第 2 期。

打印产品的三维数字模型与权利人已登记的三维数字模型特征完全匹配或达到一定程度，而且已经超过允许的数量或价值范围，则3D打印机将无法启动打印。

（五）对产品商业外观给予法律保护

有必要在借鉴其他国家立法经验的基础上，结合我国反不正当竞争法的实践，构建针对产品设计的商业外观法律保护制度。3D打印产品设计文档而非产品本身应当也可以获得商业外观保护。获得商业外观保护的标记作为源标识符，不能对现有商标造成易混淆或相似。然而，美国联邦最高法院尚未提出虚拟模型本身是否可以作为商标保护的主体的问题。在一般情况下，必须有证据表明消费者查看产品设计能将产品以其来源进行区分。其独特性基本上是由商业标记的连续使用而获得的。消费者心目中产品配置的主要意义在于商业标识，而不是产品本身。

权利人应当能通过第三方的虚拟模型，试图保护真实的立体商标。但是，产品设计生产以外的其他来源的识别可能被认为是功能性的利益，将不受保护。在特拉菲克斯案❶中表明要求保护的标识是"虚拟模型和3D数字打印机或目的的装置，或当它影响器件的成本或质量必不可少的"，在这种情况下不能获得商业外观的保护。❷ 如果第三方利用虚拟模型模拟真实世界中的实物对象，未经实物设计人的许可对其虚拟模型文档进行复制，本身就有可能侵犯设计人的市场利益，应当受到商标权的规制。❸

通过上述案例可以看出，一方面，应用3D扫描的文件，对一个

---

❶ Traffix Devices Inc. v. Marketing Displays, Inc., 532 U. S. 23 (2001).

❷ Darrell G. Mottley, Intellectual Property Issues in the Network Cloud: Virtual Models and Digital Three-Dimensional Printers, Journal of Business & Technology Law, 2014, 9: 151.

❸ Second Life is 3-D virtual world platform. Second Life's Terms of Service state that a user may not select an account name that would cause deception or confusion or violate any trademark right, copyright, or other proprietary right, http://www.secondlife.com, 2015-3-10.

真实世界中的物体扫描出的虚拟模型极可能直接侵犯该物体的商业标识。另一方面，一个公司在互联网上销售其原有的 3D 虚拟模型将需要在虚拟模型中取得"产品配置"标志本身的商标专用权。在后一种情况下，一个策略是虚拟模型制造者推销自己品牌的虚拟模型，以获得显著性。有学者认为，3D 数字文件设计者和提供者构成对商标的使用，并且要求其根据《商标法》第 57 条第 4 款承担伪造、擅自制造他人注册商标标识的责任。这确实能够在一定程度上明确此类行为的商标侵权责任，防止未经许可提供虚拟商标标识的行为。❶ 有必要克服虚拟模型因为产品配置而获取商业外观的法律障碍，即使虚拟模型可以说是对实际产品的逼真描绘，并显示要所制造最终对象确切的形状、颜色和配置。但是，如果原始 3D 模型的主要用途是创建 3D 打印产品，那么它可能是该模型必不可少的用途或目的。考虑到商标权利人的合理需求，不能由此就否定其获得商业外观保护的可能性。

（六）对数字模型给予商标保护

应当将虚拟的数字模型纳入保护对象，允许商标权人通过虚拟模型保护真实的商标，以避免对权利人市场利益造成损害。有两个方面的问题值得注意。其一，对于功能性例外应作限制性解释。不因为 3D 数字模型具有 3D 打印产品的技术功能就落入功能性例外的适用范围，从而不给予商标保护。其二，在识别贡献方面，虚拟模型应当作为商品识别的主要来源才能获得商标保护。若消费者基于产品设计以外的其他要素进行产品来源的识别，则该设计仍可能被认为是功能性而非标识性，因而不能受到商标保护。

小　　结

3D 打印技术能够为商标标识的推广提供新的契机，但同时也为

---

❶　孙益武："3D 打印商标使用与侵权认定法律问题研究"，载《中南大学学报（社会科学版）》2015 年第 5 期。

未经授权的商标使用行为提供了技术支撑，这类似于互联网对于作品传播和权利保护的影响。仿冒者利用产品设计图的推广诱使 3D 打印使用者自行打印制造带有商标标识的产品，将对于权利人造成实质性的损害。构建于 3D 打印时代以前的商标法律保护制度已经难以进行有效规制，相应的利益平衡机制已经被打破，需要以新的技术发展为背景对于商标使用保护制度提供更为有效的保护。同时，我们也要考虑到网络使用者获取、使用产品设计图的权利，及其带来的产品推广效益，从而发挥 3D 打印对于权利人市场利益拓展的所带来的收益，以实现新的制度框架下的利益分配与共享机制。

第十一章

3D 打印工业设计权制度的构建

一、构建工业产权制度的必要性

总体而言，现行知识产权的权利体系及其保护机制是针对 3D 打印时代以前的产业特点而制定的，在规制涉及 3D 打印产品设计图的侵权行为时存在制度性缺陷。随着 3D 打印技术的出现和广泛使用，对于工业设计保护缺失的状况逐步凸显，需要引入新型的知识产权填补制度的漏洞和空白。

在著作权方面，其保护客体与内容均受到限制，对 3D 打印侵权行为规制不足，主要体现为对产品设计图的保护存在明显的限制和缺失。比如，产品设计图保护的客体仅限于图形本身，而且对产品设计图复制权的保护不延及异形复制。在专利法方面，授予发明和实用新型专利权的条件是比较严苛的，且获得专利权的申请手续烦琐，申请流程和时间过长。对外观设计保护的定位模糊，产品中的任何技术性特征不受保护。三维立体商标保护存在缺失，产品设计不能包含功能性要素，传播其数字文档也不构成商标侵权行为。

综上所述，为了实现对 3D 打印产品设计图的有效保护，有两种解决路径：一是改造现有类型的知识产权，从保护客体权利内容上作扩张性解释，但是有可能会动摇传统的知识产权法理论；二是引入新型的知识产权——工业设计权制度，这更为可取。本章所构建的工业设计权，能够涵盖广泛领域的 3D 打印产品设计。凡是为了实现产品或者产品零部件的特定功能，对其外在形状、内在结构或其结合所作

162

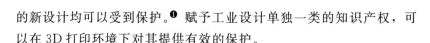

的新设计均可以受到保护。❶ 赋予工业设计单独一类的知识产权，可以在 3D 打印环境下对其提供有效的保护。

二、工业设计保护制度的域外借鉴

工业设计权是一种新型的工业产权，英国 1988 年《版权、外观设计和专利法》、欧盟《共同体外观设计保护条例》、美国《船壳设计保护法》和日本《反不正当竞争法》等对此均有规定。❷ 尽管上述工业产权制度并非专门针对 3D 打印产品而建立，但是由于其规则符合 3D 打印产品的技术特点，因此能够为我国在 3D 打印环境下建立工业设计权制度提供可资借鉴的经验。

（一）非注册外观设计权

首先，英国建立了非注册外观设计权制度。对于纯功能性产品的外观设计，英国立法经历了从不保护到提供保护的发展过程，在保护方式上则从版权保护过渡到未注册外观设计权。英国于 1988 年通过的《版权、外观设计和专利法》专门规定了外观设计权，所保护的客体不仅包括产品外形的设计，而且覆盖了"对商品的全部或者部分的形状或构造（不管是表面的还是内在的）任何部分所作的设计"❸。符合特定条件的外观设计无须注册即可自动取得，从而为不具有视觉美感、仅具有实用功能的产品设计提供保护。受到保护的外观设计必须符合"新颖性"条件，是由创作者首先创作完成并在所属领域不是显而易见的。该外观设计权由相应的产品被制造出来而产生，有效期为 10 年。权利人享有排他性的复制权，可以禁止他人制造同样设计

---

❶ "产品的形状"是指产品所具有的、可以从外部观察到的确定的空间外形。"产品的构造"是指产品的各个组成部分的安排、组织和相互关系，包括机械构造和线路构造等，如自行的车各个零部件之间的组合以及收音机各个器件组合。参见国家知识产权局颁布的《专利审查指南》（2010 年版）第一部分第二章第 6.2.1。

❷ John R. Thomas, Intellectual Property in Industrial Designs: Issues in Innovation and Competition, Congressional Research Service Report for Congress, 2005: 2.

❸ 英国 1988 年《版权、外观设计与专利法》第 213 条第 2 款。

的产品。

其次，英国所确立的非注册设计权直接影响了欧共体制定关于外观设计保护的规定。欧盟理事会于 2001 年通过了《共同体外观设计保护条例》，设立了注册和非注册两种保护形式。❶ 具有美感的工业设计可以申请注册，经审查符合形式要求后能获得保护。❷ 而纯功能性外观设计仅能获得非注册制外观设计。外观设计必须具备"新颖性"，并具有区别其他设计的"独特性"。❸ 对于非注册制外观设计，自从在欧盟范围内首次通过出版、展览或销售等方式为公众所获知之日起，即可自动获得为期三年的保护。权利取得不需要申请注册，但是权利人必须提供证据准确地证明其首次公开设计的时间，从而证明其设计是最先公开的。❹ 该外观设计权的内容仅限于阻止他人复制或者排除他人的恶意抄袭，而不能阻止他人通过独立创作而完成的相似设计。❺ 该制度的保护期限较短，一般只适用于在一段时间内流行且更新换代较快的产品设计。

（二）美国《船壳设计保护法》

美国《船壳设计保护法》是以船舶设计图为对象而构建的保护制度。尽管该法在体例上作为《美国版权法》的第 13 章，但是其保护的船壳设计是独特一类的工业设计。虽然该设计专门针对船壳设计，但是能够为所有 3D 打印领域产品设计的保护提供制度借鉴。

首先，授予船体设计权的实质要件是具有"原创性"。为此，船壳设计应当是权利人创造性劳动的结果，不是从其他设计复制而来的，并且与此前的设计相比具有可辨别的、远远超过琐碎而微小的

---

❶ Council Regulation (EC) No6/2002 of 12 December 2001 on Community designs.

❷ Brandir International，Inc. v. Cascade Pacific Lumber Co.，etal. ，834 F. 2d 1142 (2d Cir. 1987)；5 U. S. P. Q. 2D (BNA) 1089.

❸ 英国 1988 年《版权、外观设计与专利法》第 213 条第 4 款。

❹ Lena Schickl，Protection of industrial design in the US and in the EU- Different concepts or different labels? The Journal of World Intellectual Property，2013（1）：15-38.

❺ Art. 19（2）CRD.

改变。

其次，授予船体设计权的形式要件是进行登记与公示。与著作权不同的是，船壳设计权的取得方式采用登记生效主义。若设计被首次公开后两年之内还未申请登记，则丧失了获得保护的机会。美国版权局是负责受理登记的行政机构，对申请只进行形式审查。只要登记申请符合形式要件，并且缴纳了规定的费用，申请者就可获得该船壳设计权。❶ 为避免重复设计或者侵犯他人权利，经登记的船壳设计方案通过互联网络予以公开。❷

再次，船壳设计权的权利内容包括制造权。根据《船壳设计保护法》第8条规定，权利人的排他性权利包括：为了销售或者出于商业使用的目的而准备制造、制造、进口任何包含此设计的船壳；为了销售或者出于商业使用的目的而直销或者分销任何包含此设计的船壳。因此，未经许可制造相同船壳产品的行为属于侵权行为，其权利内容较著作权更宽，保证了权利人获得独占性经济利益。

（三）日本《反不正当竞争法》

日本2005年修改后的《反不正当竞争法》规定了禁止盲从模仿行为：任何人仿冒他人的商品形态（包括商品形状）而制造商品，并进行仿冒品交易构成不正当竞争行为。❸ 因而权利人可以禁止他人对其产品设计的模仿行为。

该制度的优点在于，不要求被仿冒的商品具有创造性，也不考虑行为人是否具有不正当竞争的目的，所以权利人能够较为便利地进行维权。该法将保护期限限定为3年，从相关产品可为公众利用之日起

---

❶　US Copyright Office. VHDPA-report——Design Protection Act，2003：10.

❷　值得注意的是，关于版权局在网络上公布申请人详细的设计方案是否合理的问题曾引发激烈讨论。在2003年发布的《船壳设计法案实施报告》中，部分学者和大多数船舶制造者认为公布设计材料会导致设计更容易被潜在（尤其是境外的）侵权者接触和剽窃，但很难追究其责任。当然，该报告指出尚没有证据证明在网络公布的设计存在被侵权的情形。

❸　该法第2条第1款第3项。

算。需要注意的是，应当将仿冒行为的对象严格解释为与其非常类似的商品，否则可能将保护范围扩大到商品外形设计的创意，从而产生不合理的权利扩张现象。❶

三、我国工业设计权的制度设计

我国有必要以促进 3D 打印产业发展为契机，构建工业设计权制度，对适应于 3D 打印的工业设计予以专门保护。从广义角度来说，工业设计是指对产品的外在形状、内在结构或者其结合所做出适于工业应用的新设计。在制定具体规则时，要考虑以下若干方面。

（一）保护对象

工业设计权所保护的对象应当涵盖所有工业领域的产品设计，不必在设计要素的审美抑或功能性质方面予以区分，而只根据其创新程度给予认定。因此，在认定保护对象时要遵循全面保护原则和公共领域保留原则。

首先，全面保护原则。对于能够适应 3D 打印的工业设计要提供全面的保护。不论是仅具有实用功能或者美观功能，还是两者兼具的产品设计均能成为保护客体，无须考虑其中所包含的两类设计要素能否相互分离。

其次，公共领域保留原则。为了防止市场垄断，仅由商品自身的性质所产生的形状和结构不能成为工业设计权的保护客体，从而为公共领域保留足够的空间。例如，美国《船壳设计保护法》规定，仅由物品的实用性功能所决定的设计不受保护❷；欧盟《共同体外观设计保护条例》也规定，若技术特征是由产品的技术功能所单独决定的，或者是实现产品的准确形式和范围所必须实施的❸，则不受保护。因此，

---

❶ 参见李明德："外观设计的法律保护"，载《郑州大学学报》（社会科学版）2000年第 5 期。

❷ 美国《版权法》第 1302 条 "不属于保护客体的设计" 第（4）款。

❸ 参见李明德："外观设计的法律保护"，载《郑州大学学报》（社会科学版）2000年第 5 期。

要排除由商品自身的性质所产生的形状和结构，从而实现利益平衡。

（二）授权标准

工业设计权的授权标准要参照著作权法，尽可能地实现灵活化和便利化。首先，在实质要件方面以"新颖性"和"原创性"作为核心。新颖性要求工业设计是设计师首创的，而且不是复制而来的。❶除此以外，产品设计还应当具备原创性，是设计者创造性劳动的结果，与先前产品设计相比必须具有明显的区别或改变，在所属领域不是显而易见的。这种改变应当是可清楚辨别的，并且远超过琐碎而微小的程度。

在判断"新颖性"的时间要件方面，为了促进产品设计尽早公开，在公开后一定时期之内并不丧失"新颖性"。申请人可以在设计被首次公开（包括展览、销售包含了该设计的产品）之日起12月（或者2年）内申请注册登记，并获得保护。设计者超过此时间再提出申请将丧失获得保护的机会，该设计将进入公有领域供他人自由模仿，以此督促创作者及时申请登记。

其次，形式条件方面则有两种路径可以选择。一是以登记注册作为获得保护的前提条件。此时工业设计权需要履行申请注册等手续。❷二是对未注册的工业设计也提供保护。这固然可以为权利人提供方便，但是也会给市场上出售的工业产品增加了侵权的风险和负担。相关产业部门曾对此提出质疑，因此采用注册模式更为合理。在登记文件的形式方面可以灵活处理，权利人可以提交书面产品设计图、实物模型或者CAD设计图电子文档等，作为申请文件对于产品设计进行描述。

登记文书具有权利推定的证据效力。在侵权诉讼中，法庭会推定该设计是有效的，除非被告质疑该设计的有效性。例如，在欧共体非注册制外观设计侵权诉讼中，权利人需要提供证据证明设计的原创性

---

❶　英国1988年《版权、外观设计与专利法》第213条第4款。

❷　参见王迁："'模型作品'定义重构"，载《华东政法大学学报》2011年第3期。

及其个性化特征。然而，如果被告提出有效性质疑，法庭有权中止侵权诉讼程序，直至作出该设计是否有效的裁决。❶

（三）审查与公示

首先，登记机构对申请只做形式审查，而不进行实质审查。只要设计人向登记机构提交了产品设计图、模型或者 CAD 文档等文件，并且书面声明其申请没有损害他人在先权利的，就应当予以登记和公告，授予权利证书。任何人都可以根据公示档案进行查阅。在先权利人或者其他任何人均可以主张该工业设计权无效，此时登记机构将进行实质审查。

其次，要建立登记制度与公示制度。如上所述，工业设计权的取得方式应当采用登记生效制度，并建立权利公示制度予以配套。通过权利公示将产品设计图向社会公开，创作者则以"公开换保护"，从而实现权利人和社会公共利益的平衡，以促进 3D 打印产品设计的发展。

（四）权利内容

工业设计权的权利内容与专利权类似，以制造产品的复制权作为核心。3D 打印使得产品的复制行为与制造行为产生"融合"现象，二者均应纳入工业设计权的权利内容。未经权利人许可，任何单位或者个人都不得实施其工业设计，即不得以"生产经营目的"为目的制造、使用、许诺销售、销售、进口包含该工业设计的产品。

当然，在 3D 打印环境下，单纯在出版物等媒介中对受保护的产品设计进行展示或者说明尚不构成侵权，避免给 3D 打印产品设计图的自由传播造成阻碍。在认定侵权行为时，侵权产品通常只限于同类产品。判断标准则适用实质性相似标准。判断主体则可以采用比较严

---

❶ Lena Schickl，Protection of industrial design in the US and in the EU- Different concepts or different labels? The Journal of World Intellectual Property，2013（1）：15-38.

格的非专家抗辩标准，即如果在该领域技术专家看来侵权产品与受保护的工业设计不存在明显差别，应当认定为构成侵权，以此避免权利人不恰当地扩张其保护范围。

此外，应将非营利性的个人制造行为排除在"合理使用"豁免范围以外。在 3D 打印环境下，个人实施 3D 打印行为的情形将增多，如果对合理使用专有权利进行限制，将使得工业设计权制度难以达到有效的目的。

（五）权利限制

首先，应当允许"反向工程"。在 3D 打印时代下，应当允许对公开销售的工业产品实施 3D 扫描，并就所获得的产品设计图进行复制和传播，但是不得根据该产品设计进行制造。通过反向工程，使用者有权对该设计进行改进，如此可以避免重复性的研究开发，有利于产品创新和促进竞争。

其次，可以规定科学实验例外，以促进更多新产品设计的涌现。可以借鉴美国《船壳设计保护法》第 1309 条第（g）款规定：基于教学或者研究目的而复制一个实用物品的设计，不构成对设计者专有权的侵犯。因此，仅基于教学、分析，或者评估的目的对受保护的产品设计进行复制，或者使用实用物品的技术功能，不构成侵权。

（六）保护期限

考虑到 3D 打印产品市场周期普遍不长，对于工业设计权所设定的保护期限也不必过长，以使产品设计图尽早进入公有领域。目前，有关工业设计权保护期限的规定普遍低于 10 年。美国拟议中的《禁止盗版设计法》对于服装设计的保护期限甚至只有 3 年。因此，我国工业设计权的保护期可以规定为 3 年或者 5 年。

小　　结

在 3D 打印时代下，产品设计具有图形化、数字化和灵活化趋势，也要求知识产权相应地体现弹性化的特点。为此，有必要摆脱传统权利体系僵化的窠臼，构建新型的工业设计权制度，从而为小微型的产品设计创作者提供更为有效的保护，以促进 3D 打印产业的有序发展。

参 考 文 献

一、中文著作

1. 崔国斌．著作权法——原理与案例［M］．北京：北京大学出版社，2014

2. 崔国斌．专利法——原理与案例［M］．北京：北京大学出版社，2012

3. 范长军．德国专利法研究［M］．北京：科学出版社，2010

4. 管育鹰．知识产权法学的新发展［M］．北京：中国社会科学出版社，2013

5. 何炼红．工业版权研究［M］．北京：中国法制出版社，2007

6. 胡波．专利法的伦理基础［M］．武汉：华中科技大学出版社，2011

7. 胡康生．中华人民共和国著作权法释义［M］．北京：法律出版社，2002

8. 黄晖．驰名商标和著名商标的法律保护［M］．北京：法律出版社，2001

9. 孔祥俊．反不正当竞争法新论［M］．北京：人民法院出版社，2001

10. 李明德，管育鹰，唐广良．《著作权法》专家建议稿说明［M］．北京：法律出版社，2012

11. 李明德，许超．著作权法［M］．北京：法律出版社，2009

12. 刘春田．知识产权法（第四版）［M］．北京：高等教育出版社，2011 年

13. 彭立静．伦理视野中的知识产权［M］．北京：知识产权出版社，2010 年

14. 史尚宽．民法总论［M］．北京：中国政法大学出版社，2000

15. 孙雷. 邻接权研究 [M]. 北京：中国民主法制出版社，2009

16. 王春玉，傅浩，于泓阳. 玩转 3D 打印 [M]. 北京：人民邮电出版社，2014

17. 王迁. 网络版权法 [M]. 北京：中国人民大学出版社，2008

18. 王迁. 知识产权法教程 [M]. 北京：中国人民大学出版社，2014

19. 王迁，王凌红. 知识产权间接侵权研究 [M]. 北京：中国人民大学出版社，2008

20. 王运赣，王宣. 3D 打印技术 [M]. 武汉：华中科技大学出版社，2014

21. 吴汉东. 知识产权基本问题研究（分论）[M]. 北京：中国人民大学出版社，2009

22. 吴怀宇. 3D 打印：三维智能数字化创造 [M]. 北京：电子工业出版社，2015

23. 杨继全，冯春梅. 3D 打印：面向未来的制造技术 [M]. 北京：化学工业出版社，2014

24. 杨立新. 侵权责任法 [M]. 北京：法律出版社，2010

25. 尹新天. 专利权的保护 [M]. 北京：知识产权出版社，2006

26. 曾陈明汝. 商标法原理 [M]. 北京：中国人民大学出版社，2003

27. 张晓都. 专利实质条件 [M]. 北京：法律出版社，2002

28. 赵万一. 民法的伦理分析 [M]. 北京：法律出版社，2012

29. 郑成思. 知识产权论（第三版）[M]. 北京：法律出版社，2003

30. 郑国辉. 著作权法学 [M]. 北京：中国法制出版社，2012

31. 郑国辉. 知识产权法学 [M]. 北京：中国政法大学出版社，2010

二、中文论文

1. 蔡元臻. 3D 打印冲击下专利间接侵权制度研究 [J]. 科技与法律，2014（1）

2. 陈诚，黄晓辉．从立法视野看我国跨载体复制的司法保护 [J]．武汉理工大学学报（社会科学版），2007（1）

3. 陈醇．权利的结构：以商法为例 [J]．法学研究，2010（4）

4. 陈醇．集中性民事权利的滥用及其控制 [J]．法商研究，2008 （6）

5. 陈卫明．从 Bowman 案看美国专利权用尽原则的历史演变 [J]．知识产权，2014（8）

6. 范长军，郭志旭．3D 打印对专利产品修理与重做规则的挑战 [J]．华中科技大学学报（社会科学版），2014（5）

7. 郭振华等．3D 打印技术与社会制造 [J]．宝鸡文理学院学报 （自然科学版），2013（4）

8. 何炼红．知识产权的重叠保护问题 [J]．法学研究，2007（3）

9. 胡开忠．避风港规则在视频分享网站版权侵权认定中的适用 [J]．法学，2009（12）

10. 黄亮．3D 打印著作权问题探讨 [J]．现代出版，2015（2）

11. 黄亮．论避风港规则在 3D 打印专利侵权判定中的移植 [J]．电子知识产权，2015（5）

12. 黄玉烨，张惠瑶．3D 数字模型的复制权保护探析 [J]．中南大学学报（社会科学版），2015（5）

13. 姜颖．作品独创性判定标准的比较研究 [J]．知识产权，2004（3）

14. 孔祥俊．论商业外观的法律保护 [J]．人民司法，2005（4）

15. 孔祥俊．商标的标识性与商标权保护的关系 [J]．人民司法，2009（15）

16. 李明德．外观设计的法律保护 [J]．郑州大学学报（社会科学版），2000（5）

17. 李振化，王桂华．3D 打印技术在医学中的应用研究进展 [J]．实用医学杂志，2015（7）

18. 梁志文．云计算、技术中立与版权责任 [J]．法学，2011 （3）

19. 冷传莉. 论人格物的界定与动态发展［J］. 法学论坛，2010（2）

20. 冷传莉. 人体基因法益权利化保护论纲——基于"人格物"创设的视角［J］. 现代法学，2014（6）

21. 刘步青. 3D 打印技术的内在风险与政策法律规范［J］. 科学·经济·社会，2013（2）

22. 吕炳斌. 实用艺术品可版权性的理论逻辑［J］. 比较法研究，2014（3）

23. 马驰升. 美国"云计算""数据流"技术的数字娱乐版权保护及其启示［J］. 中南大学学报（社会科学版），2014（6）

24. 马志国. 关于产品设计图纸著作权侵权的认定［J］. 科技与法律，1996（2）

25. 马忠法、陈潜. 3D 打印中的"复制"与"合理使用"［J］. 上海财经大学学报，2015（3）

26. 梅术文. 基于 3D 打印技术的网络知识产权制度变革研究［J］. 科技进步与对策，2016（24）

27. 梅夏英，姜福晓. 数字网络环境中著作权实现的困境与出路——基于 P2P 技术背景下美国音乐产业的实证分析［J］. 北方法学，2014（2）

28. 宁立志，王德夫. 论 3D 打印数字模型的著作权［J］. 武汉大学学报（哲学社会科学版），2016（1）

29. 彭学龙. 技术发展与法律变迁中的复制权［J］. 科技与法律，2006（1）

30. 瞿昊晖. 论 3D 打印产品设计图作品的使用者利益——以美国判例为启示［J］. 中南大学学报（社会科学版），2015（5）

31. 孙益武. 3D 打印商标使用与侵权认定法律问题研究［J］. 中南大学学报（社会科学版），2015（5）

32. 王镓垠，柴磊等. 人体器官 3D 打印的最新进展［J］. 机械工程学报，2014（23）

33. 王剑锋. 专利引诱侵权之主观故意的认定——以美国阿美山

姆诉陪肯艾尔案为视角 [J]. 电子知识产权，2003（8）

34. 王迁. 论"信息定位服务"提供者"间接侵权"行为的认定 [J]. 知识产权，2006（1）

35. 王迁. 论著作权法保护工业设计图的界限——以英国〈版权法〉的变迁为视角 [J]. 知识产权，2013（1）

36. 王迁. "模型作品"定义重构 [J]. 华东政法大学学报，2011（3）

37. 王淑君. 自我复制技术语境下专利权用尽原则的困境及消解 [J]. 学术界，2014（8）

38. 王太平. 工业品外观设计的保护模式 [J]. 科技与法律，2002（3）

39. 王文涛，刘燕华. 3D 打印制造技术发展趋势及对我国结构转型的影响 [J]. 科技管理研究，2014（6）

40. 王雪莹. 3D 打印技术与产业的发展及前景分析 [J]. 中国高新技术企业，2011（26）

41. 王忠宏，李扬帆，张曼茵. 中国 3D 打印产业的现状及发展思路 [J]. 经济纵横，2013（1）

42. 吴汉东. 论网络服务提供者的著作权侵权责任 [J]. 中国法学，2011（2）

43. 吴伟光. 版权制度与新媒体技术之间的裂痕与弥补 [J]. 现代法学，2011（3）

44. 伍春燕. 试论 3D 打印技术背景下专利间接侵权的认定 [J]. 华中科技大学学报（社会科学版），2014（5）

45. 谢乒. 论从平面到立体的转换属于著作权法上的复制 [J]. 河北工程大学学报（社会科学版），2009（3）

46. 熊琦. 音乐著作权许可的制度失灵与法律再造 [J]. 当代法学，2012（5）

47. 熊琦. Web2.0 时代的著作权法：问题、争议与应对 [J]. 政法论坛，2014（4）

48. 杨利华. 功能性作品著作权保护制度研究 [J]. 知识产权，

2013（11）

49．姚强，王丽平．"万能制造机"背后的思考——知识产权法视野下 3D 打印技术的风险分析与对策 [J]．科技与法律，2013（2）

50．尹西明．易萍，商标淡化理论与立法探析 [J]．法学论坛，2005（3）

51．张今．版权法上"技术中立"的反思与评析 [J]．知识产权，2008（1）

52．张韬略．开源软件的知识产权问题研究——制度诱因、规则架构及理论反思 [J]．网络法律评论，2004（2）

53．张晓龙．我国知识产权制度应对 3D 打印技术发展的路径选择——以三螺旋模式理论为视角 [J]．河南师范大学学报（哲学社会科学版），2016（5）

54．张晓龙．对 3D 打印技术下复制权的思考 [J]．河南工业大学学报（社会科学版），2015（4）

55．张心全．论异形转换是否构成复制——以"平面到立体"为视角 [J]．时代法学，2008（4）

56．张玉敏，邓宏光．专利间接侵权制度三 [J]．学术论坛，2006（1）

57．赵海燕．作品独创性判断标准及主体认定 [J]．陕西行政学院学报，2014（3）

58．郑友德，王活涛．论规制 3D 打印的法政策框架构建 [J]．电子知识产权，2014（5）

59．朱苏力．"海瑞定理"的经济学解读 [J]．中国社会科学，2006（6）

三、中文译著

1．［美］胡迪·利普森、梅尔芭·库曼．3D 打印：从理想到现实 [M]．赛迪研究院专家组译．北京：中信出版社，2013

2．［美］兰德斯，波斯纳．知识产权法的经济结构 [M]．金海军译．北京：北京大学出版社，2005

3．［美］保罗·戈斯汀．著作权之道——从古登堡到数字点播机

[M]. 金海军译. 北京：北京大学出版社，2008

4. ［德］M. 雷炳德. 著作权法 ［M］. 张恩民译，北京：法律出版社，2005

5. ［英］Christopher Barnatt. 3D 打印：正在到来的工业革命 ［M］. 韩颖、赵俐译，北京：人民邮电出版社，2014

6. ［日］青山纮一. 日本专利法概论 ［M］. 聂宁乐译，北京：知识产权出版社，2014

7. ［日］田村善之，日本知识产权法（第 4 版）［M］. 周超、李雨峰、李希同译，北京：知识产权出版社，2011

四、英文著作

1. F. Scott Kieff，Perspectives on Properties of the Human Genome Project，Lightning Source Inc.，2003.

2. Kevin M. Gamett，Gillian Davies，Copingerand Skone James on Copyright，Sweet and Maxwell，2005.

3. John Mangan，Chandra Lalwani，& Tim Butcher，Global Logistics and Supply Chain Management（2d. ed.），Queensland，Australia：John Wiley，Sons Australia Limited，2011.

4. Melvile Nimmer & David Nimmer，Nimmer on Copyright，Mattew Bender & Company，Inc.，2003.

五、英文论文

1. John Ackermann，Toward Open Source Hardware，University of Dayton Law Review，2013（1）：183-222.

2. Silvia Beltrametti，Evaluation of the Design Piracy Prohibition Act：Is the Cure Worse than the Disease? Northwestern Journal of Technology and Intellectual Property，2010，8（2）：147-173；

3. Josh Blackman，The 1st Amendment，2nd Amendment，and 3D Printed Guns，Tennessee Law Review，2014，81：479-538.

4. V. Braun，M. Taylor，3D Printing，Computer and Telecommunications Law Review，2012，18：54.

5. Dan L. Burk，Mark A. Lemley，Is Patent Law Technology-

Specific? Berkeley Technology Law Journal, 2002, 17 (4): 1155-1206.

6. Robert O. Bolan, William C. Rooklidge, Imputing Knowledge To Determine Willful Patent Infringement, American Intellectual Property Law Association Quarter Journal, 1996, 24 (13): 157-163.

7. Rebecca S. Eisenberg, Arti K. Rai, Harnessing and Sharing the Benefits of State-Sponsored Research: Intellectual Property Rights and Data Sharing in California's Stem Cell Initiative, Berkeley Technology Law Journal, 2006, 21 (3): 1187-1189.

8. Daniel Harris Brean, Asserting Patents to Combat Infringement via 3D Printing: It's No "Use", Fordham Intellectual Property, Media & Entertainment Law Journal, 2013, 23 (2): 771-814.

9. Simon Bradshaw, Adrian Bowyer and Patrick Hauf, The Intellectual Property Implications of Low-Cost 3D Printing, 2010, 7 (1): 6-31.

10. Deven R. Desai & Gerard N. Magliocca, Patents, Meet Napster: 3D Printing and the Digitization of Things, The Georgetown Law Journal, 2014, 102: 1691-1720.

11. Stacey L. Dogan & Mark A. Lemley, Grounding Trademark Law Through Trademark Use, Iowa Law Review, 2007, 92: 1669-1700.

12. D'Elia, Salvatore, Replicant: 3D Printing and the Need for a Digital Millennium Patent Act, Law School Student Scholarship (Paper 457), 2014: 1-31.

13. Elizabeth F. Judge, Daniel J. Gervais, Of Silos and Constellations: Comparing Notions of Originality in Copyright Law, Cardozo Arts & Entertainment Law Journal, 2010, 27: 375-408.

14. Eli Greenbaum, Three-Dimensional Printing and Open Source Hardware, New York University Journal of Intellectual

Property & Entertainment Law，2013，2（2）：257-294.

15. Michael A. Heller，Rebecca S. Eisenberg，Can Patents Deter Innovation? The Anti-commons in Biomedical Research，Science，1998，280（5）：698-701.

16. Matthias Herdegen，Patents on Parts of the Human Body：Salient Issues under EC and WTO Law，Journal of Intellectual Property，2002，5（2）：145-155.

17. Jeroen P. J. de Jong，Erik de Bruijn，Innovation Lessons from 3D Printing，MIT Sloan Management Review，2013，54（2）：43-53.

18. Rachel King，Big Companies Open up to Open-Source Software，Wall Street Journal，2012-9-6（5）.

19. Patrice P. Lean，Friedrich B. Laub，Protecting Self-Replicating Biotechnologies in View of Bowman v. Monsanto，Bloomberg BNA's Patent Trademark and Copyright Journal，2013，86：376.

20. Mark A. Lemley，Carl Shapiro，Patent Holdup and Royalty Stacking，Texas Law Review，2007，4：1991-2049.

21. Lisa Lennon，Lauren Eade，Anna Smyth，3D Printing-Design revolution or intellectual property nightmare? Law Society Journal，2013，10：61.

22. Daryl Lim，Self-replicating Technology and the Challenge for the Patent and Antitrust，Cardozo Arts and Entertainment Law Review，2013，32（1）：131-223.

23. Mike Masnick，Copyright as Censorship：Newport Television Abusing DMCA To Try To Silence Criticism，Newport Television，2011，July 1st：11

24. Robert P. Merges，As Many As Six Impossible Patents Before Breakfast：Property Rights for Business Concepts and Patent System Reform，Berkeley Technology Law Journal，1999，5：

577-615.

25. Robert R. Merges, A Transactional View of Property Rights, AIPLA Quarterly Journal, 2005, 30 (1): 317-363.

26. Darrell G. Mottley, Intellectual Property Issues in the Network Cloud: Virtual Models and Digital Three-Dimensional Printers, Journal of Business & Technology Law, 2014, 9 (2): 151-168.

27. Michael D. Murray, Copyright, Originality, and the End of the Sce`nes a` Faire and Merger Doctrines for Visual Works, Baylor Law Review, 2006, 58: 779-901.

28. Lucas S. Osborn, Of PHDs, Pirates, andthe Public: Three-Dimensional Printing Technologyand the Arts, Texas A&M Law Review, 2014, 1: 811-835.

29. Gideon Parchomovsky, Michael Mattioli, Partial Patents, Columbia Law Review, 2011, 111 (2): 207-253.

30. Sklyer R. Peacock, Why Manufacturing Matters: 3D Printing, Computer Aided Designs, and the Rise of End-User Patent Infringement, William & Mary Law Review, 2014, 55 (5): 1933-1960.

31. Christina Raasch, Product Development in Open Design Communities: A Process Perspective, International Law Journal Innovation & Technology Management, 2011, 4: 557-575.

32. Thierry Rayna & Ludmila Striukova, Open Innovation 2. 0 - Co-creating with users, Communications & Strategies, 2013-3-25.

33. J. H. Reichman, Legal Hybrids: Between the Patent and Copyright Paradigms, Columbia Law Review, 1994, 94: 2539-2544.

34. Brian Rideout, Printing the Impossible Triangle: The Copyright Implications of Three-Dimensional Printing, The Journal of Business, Entrepreneurship & the Law, 2011, 5 (1): 161-177.

35. Lena Schickl, Protection of industrial design in the US and

in the EU- Different concepts or different labels? The Journal of World Intellectual Property，2013（1）：15-38.

36. Jeremy N. Sheff，Self-Replicating Technologies，Stanford Technology Law Review，2013，16（2）：229-256.

37. Matt Simon，When Copyright Can Kill：How 3D Printers Are Breaking the Barriers Between "Intellectual" Property and the Physical World，Intellelctual Property，Sports & Entertainment Law Forum，2013，1：59-97.

38. Kartherine J. Standburg，What Does the Public Get? Experimental Use and the Patent Bargain，Wisconsin Law Review，2004，73（1）：81-100.

39. Michael Weinberg，What's the Deal With Copyright and 3D Printing? 2013，1.

六、国外案例

1. Poppenhusen v. Falke，19F. Cas. 1048（S. D. N. Y. 1861）.

2. Mitchell v. Hawley，83 U. S. 544（1873）.

3. Baker v. Selden，101 U. S. 99，at 102（1880）.

4. Burrow-Giles Lithographic Co. v. Sarony，111 U. S. 53（1884）.

5. Aro Manufacturing Co. Inc.，et al v. Convertible Top Replacement Co.，Inc. 365 U. S. 336，128 USPQ 354（1961）.

6. Brenner v. Manson，383U. S. 519（1966）.

7. Herbert Rosenthal Jewelry Corp. v. Kalpakian，446 F. 2d 738，742（9th Cir. 1971）.

8. L. B.（Plastics）Limited v. Swish Products Limited，[1979] R. P. C. 551，at 601.

9. Diamond v. Chakrabarty，447 U. S. 303，308-09，206 USPQ 193，197（1980）.

10. Sony Corp. of Am. v. Universal City Studios，Inc.，464 U. S. 417，429（1984）.

11. British Leyland Motor Corporation and Others v. Armstrong

Patents Company Limited，[1986] R. P. C. 279，at 362-363.

12. Bridgeman Art Library，Ltd.，v. Corel Corporation，25 F. Supp. 2d 421 (S. D. N. Y. 1987).

13. Brandir International，Inc. v. Cascade Pacific Lumber Co.，et al.，834 F. 2d 1142 (2d Cir. 1987)；5 U. S. P. Q. 2D (BNA) 1089.

14. Feist Publications，Inc. v. Rural Telephone Service Co.，499 U. S. 340，364 (1991).

15. MAI Systems Corp. v. Peak Computer，Inc.，991 F. 2d 511 (9th Cir. 1993).

16. Asgrow Seed Co. v. Winterboer，513 U. S. 179 (1995).

17. Bridgeman Art Library，Ltd.，v. Corel Corporation，36 F. Supp. 2d 191 (S. D. N. Y. 1999).

18. Amersham Pharmacia Biotech. Inc. v. Perkin-Elmer Corp. No. C 97—04203 CRB. 2000 WL 1897300 (N. D. Cal. Dec. 22，2000).

19. Wal-Mart Stores，Inc. v. Samara Bros.，Inc.，529 U. S. 205，216 (2000).

20. TrafFix Devices，Inc. v. Marketing Displays，Inc.，532 U. S. 23 (2001).

21. Jazz Photo Corporation v. International Trade Commission，264 F. 3d 1094，1102 (Fed. Cir. 2001).

22. Designers Guild Limited v. Russell Williams (Textiles) Limited (t/a Washington DC)，[2001] 1 All ER 700，[2001] FSR 11.

23. Chosun Int'l，Inc. v. Chrisha Creations，Ltd.，413 F. 3d 324，328 (2d Cir. 2005).

24. Metro-Goldwyn-Mayer Studios，Inc. v. Grokster Ltd.，(04-480) 545 U. S. 913 (2005) 380 F. 3d 1154.

25. Perfect 10，lnc. v. Amazon. com，lnc.，487 F. 3d 701 (9th Cir 2007).

26. KSR International Corporation v. Teleflex Incorporation，

550 U. S. 398 (2007).

27. Meshwerks, Inc. v. Toyota Motor Sales U. S. A. , Inc. , 528 F. 3d 1258 (10th Cir. 2008).

28. Cartoon Network L. P. v. CSC Holdings, Inc. 121, 536 F. 3d 121 (2nd Cir. 2008).

29. Jacobsen v. Katzer, 535 F. 3d 1373, 1382 (Fed. Cir. 2008).

30. RBC Nice Bearings, Inc. v. Peer Bearing Co. , 676 F. Supp. 2d 9 at 21 (D. Conn. 2009).

31. Cardiac Pacemakers, Inc. v. St. Jude Med. Inc. , 576 F. 3d 1348. 1364 (Fed. Cir. 2009).

32. Forest River, Inc. v. Heartland Recreational Vehicles, LLC. , 753 F. Supp. 2d 753 (N. D. Ind. 2010).

33. Osment Models, Inc. v. Mike's Train House, Inc. (W. D. Mo. Dec. 27, 2010).

34. Lucky Break Wishbone Corp. v. Sears Roebuck & Co. , 373 Fed. App' x 752 (9th Cir. 2010).

35. Tiffany v. eBay, 600 F. 3d 93, 107, 109 (2d Cir. 2010).

36. Vernor v. Autodesk, Inc. , 621 F. 3d 1102, 96 U. S. P. Q. 2d 1201 (9th Cir. 2010).

37. R. v. Briscoe, 2010 SCC 13, [2010] 1 S. C. R.

38. Oracle American Inc. v. Google Inc. , 872 F. Supp. 974, 978 (N. D. Cal. 2012)

39. Mayo Collaborative Services v. Prometheus Labs. Inc. , 132 S. Ct. 1289, 1305 (2012).

40. Bowman v. Monsanto Co. , 133 S. Ct. 1761 (2013).

41. Organic Seed Growers and Trade Association v. Monsanto Co. , 718 F. 3d 1350 (Fed. Cir. 2013).

42. Association for Molecular Pathology v. Myriad Genetics, 33 S. Ct. 2107; 186 L. Ed. 2d 124, 2013 U. S.

43. Schütz v. Werit, [2013] UKSC 16.

作者已发表之相关论文

1. 刘强：《自我复制专利侵权问题研究——以 3D 打印等自我复制技术为视角》，载《法商研究》（CSSCI）2015 年第 5 期（中国人民大学复印资料《民商法学》2015 年第 12 期全文转载）

2. 刘强、李红旭：《3D 打印视野下的商标侵权认定》，载《知识产权》（CSSCI）2015 年第 5 期

3. 刘强、罗凯中：《3D 打印背景下的专利制度变革研究》，载《中南大学学报》（社会科学版）（CSSCI）2015 年第 5 期

4. 刘强、陈舜翊：《开放源代码硬件许可协议知识产权问题研究——以 3D 打印为视角》，载《北京理工大学学报》（社会科学版）（CSSCI）2016 年第 1 期

5. 刘强、欧阳旸：《产品设计图著作权保护研究——以 3D 打印为视角》，载《重庆理工大学学报》（社会科学版）2014 年第 7 期

6. 刘强、沈伟：《3D 打印人体器官可专利性研究》，载《科技与法律》2015 年第 6 期

7. 刘强、王超：《3D 打印视野下的专利间接侵权——兼评〈专利法修改草案（征求意见稿）〉第 71 条之规定》，载《电子知识产权》2015 年第 5 期

8. 刘强、邵术恒：《3D 打印设计图著作权保护研究》，载《净月学刊》2015 年第 5 期

9. 刘强、张文思：《我国工业设计权制度的构建——以 3D 打印为视角》，载《武陵学刊》2015 年第 3 期

10. 刘强：《3D 打印技术专利侵权问题研究》，载《武陵学刊》2014 第 1 期

11. 刘强、曾蓓：《3D打印设计文档复制权问题研究》，载《怀化学院学报》2014年第3期

12. 刘强、杜学道：《3D打印商标侵权问题研究》，载苏平主编：《知识产权论丛》（第1卷），法律出版社，2014年版

13. 刘强：《3D打印给知识产权保护带来冲击——侵权风险增加影响创新》，载《检察日报》2015年1月15日第3版

后　记

在本书即将付梓之际，向近年来对我开展国家社会科学基金项目"3D打印知识产权法律问题"研究工作进行了指导、帮助的各位专家、同仁表示衷心感谢！感谢尊敬的郑友德教授为本书作序。感谢应邀参加 2016 年 4 月在中南大学举行的 3D 打印知识产权国际研讨会并提出宝贵意见的各位专家、学者。感谢中南大学党委副书记蒋建湘教授，法学院院长陈云良教授，法学院党委王新平书记，法学院何炼红教授、蒋言斌教授，以及法学院的全体同事们。

感谢知识产权出版社为本书的顺利出版提供的大力支持。感谢《法商研究》《知识产权》《中南大学学报》(社会科学版)《北京理工大学学报》(社会科学版)《电子知识产权》《科技与法律》等学术刊物给予本书阶段性成果发表的机会。

感谢我指导的学生张文思、欧阳旸、杜学道、黄亮、沈伟、陈舜翊、李红旭、罗凯中、王超、曾蓓等同学在资料搜集和翻译中提供的协助。

感谢我的家人，父母、岳父母、爱人王乐，以及一对可爱的儿女亮亮及堂堂，是家人的关心和照顾让我可以全身心投入研究工作当中。

刘　强

二〇一七年四月

于长沙湘江河畔